ジョー・D・プライス
インタビュアー 山下裕二

若冲になったアメリカ人

Jakuchu's best friend

ジョー・D・プライス物語

小学館

若冲になったアメリカ人
ジョー・D・プライス物語

目次

口絵Ⅱ

伊藤若冲、ジョー・D・プライス　関連年表

伊藤若冲

西暦	おもな出来事	関連項目
1716	2月8日、京都高倉錦小路の青物問屋「桝源」の長男として生まれる	尾形光琳没
1738	父が死に、若冲、桝源の4代目当主となる	
1752	このころ大典禅師と交わり、若冲居士と号す	
1755	次弟の宗巌に家督を譲り、画業に専念する	
1758	このころ『動植綵絵』の制作に着手	
1759	鹿苑寺大書院の障壁画を制作	
1765	末弟の宗寂死去。『釈迦三尊像』3幅と『動植綵絵』24幅を相国寺に寄進 相国寺と永代供養の契約を結ぶ	鈴木春信ら錦絵を創始
1768		この年の『平安人物志』の画家の部に、大西酔月、応挙、若冲、大雅、蕪村の順に載る
1770	父の三十三回忌にあたり『釈迦三尊像』と『動植綵絵』30幅の寄進完了	
1776	このころより石峰寺「五百羅漢石像」の制作に着手	
1779	母清寿、死去	
1781		曾我蕭白没
1788	京都大火（天明の大火）により、若冲の居宅や相国寺、焼亡	
1791	このころ石峰寺に隠棲か	
1794		東洲斎写楽、江戸で活躍
1795		円山応挙没
1800	9月8日、あるいは10日に死去。石峰寺に土葬される	

ジョー・D・プライス		
1929	10月20日、ジョー・D・プライス氏、ハロルド・チャールズ・プライス氏の次男として、オクラホマ州タルサに生まれる	
1953	フランク・ロイド・ライトとともに訪れたニューヨークで、伊藤若冲の『葡萄図』と衝撃的に出会い、若冲作品と知らずに購入	
1956	ライトが設計したプライス・タワー竣工	
1959		フランク・ロイド・ライト死去
1960	ジョー・プライス氏、自身所有の船ワンダラー号でタヒチに向かう	
1963	タヒチでビザが切れ、ビザの申請に日本に初来日 京都でガイド役のエツコさんに出会う	
1964	東京オリンピックを見るためにプライス氏一家で再来日	東京オリンピック開催
1966	3月28日、ジョー・プライス氏、エツコさんと結婚。建築家ブルース・ゴフ設計の自邸完成、若冲の画室に倣って「心遠館」と名付ける このころ、若冲研究家である辻惟雄氏と初めて会う	
1970	京都御所の曝涼に招かれ、『動植綵絵』30幅を目にして、涙を流す	辻惟雄『奇想の系譜』刊行
1971	自身のコレクションから、若冲作品を無償で東京国立博物館の展覧会に貸し出す	東京国立博物館で、若冲展
1972		東京国立博物館で、琳派展
1980	プライス氏、50歳を機にビジネスの世界から引退。会社の権利を兄に譲り、日本美術館建設と若冲研究に没頭する。財団「心遠館」設立。	
1982		ブルース・ゴフ死去
1988	ロサンゼルス・カウンティ美術館に私財を投じて日本館を建設。設計は当初はブルース・ゴフ。その後、弟子のバート・プリンスが引き継いで完成。バート・プリンス設計の自宅も完成する	
1996	建築家ブルース・ゴフ設計のオクラホマの心遠館、放火のため焼失	
2006	東京国立博物館を皮切りに「プライスコレクション　若冲と江戸絵画展」開催	

人物紹介

ジョー・D・プライス

1929年アメリカ、オクラホマ州に生まれる。特殊な技術による石油パイプラインの敷設で財をなした父の会社で働くべく、大学では機械工学を専攻。52年、オクラホマ大学卒業。父の会社の社屋を設計したフランク・ロイド・ライトに啓発され、独特の自然観をもつようになる。53年、ライトと訪れたニューヨークで伊藤若冲の絵と衝撃的な出会いを果たす。以来、江戸時代絵画にとりつかれ、ひとりでこつこつと収集に励む。66年以降は、エツコ夫人とともに収集を継続し、80年には財団「心遠館」を設立。自身のコレクションを積極的に展覧会に貸し出すなど、江戸時代日本美術のすばらしさを伝える活動を続ける。若冲の世界的コレクターとして知られ、近年の若冲再評価のきっかけをつくる。「若冲をよみがえらせたアメリカ人」の称号を、美術史家辻惟雄氏より賜わる。

エツコ・プライス

鳥取県生まれ。武庫川女子大学を退学後、音楽を学ぶ。1963年に京都でジョー・D・プライス氏と出会い、66年に結婚。オクラホマ州で20年あまり過ごし、プライス氏のかけがえのないパートナーとして、江戸時代美術の収集と普及に努める。その間、学習院大学小林忠教授のもとで、日本美術史を学ぶ。現在はロサンゼルス郊外に居住。

山下裕二

1958年広島県生まれ。東京大学大学院修了。日本美術史専攻。明治学院大学文学部芸術学科教授。美術史研究のかたわら、日本美術応援団団長として日本美術のすばらしさを広くあまねく知らしめる活動を続ける。近著で、プライス・コレクションの顔ともいうべき若冲の『鳥獣花木図屏風』は仏画であると看破し、プライス氏もその見識に驚かされる。おもな著書に『室町絵画の残像』『伊藤若冲　鳥獣花木図屏風』『岡本太郎宣言』『日本美術の二〇世紀』などがある。

装丁・扉	清水　琹
本文デザイン	姥谷英子

本文構成	菅谷淳夫
インタビュー・通訳	広瀬麻美
写真	鈴木理策 （P9～16、127、192、198～200） 大塚敏幸（S＆Tフォト） （P193～198）
コレクション解説翻訳	門脇むつみ 安井雅恵
編集協力	渡辺倫明
校正	オフィス・タカエ
制作	馬場美宣
制作企画	大木由紀夫
資材	横山　肇
宣伝	島田由紀
販売	奥村浩一
編集	清水芳郎

大乗寺での
プライスさん

応挙寺の異名をもつ大乗寺の山門。応挙一門の手になる165面の襖絵の傑作が本殿を飾る。

客殿2階、長澤蘆雪の「猿の間」で、襖絵に
見入るプライス夫妻と山下裕二氏。

亀岡規礼『採蓮図』の筆づかいの美しさにしばし見とれるプライスさん。規礼はお気に入りの画家のひとり。

円山応挙、死の直前の傑作『松に孔雀図』。金地に
墨で描かれた孔雀が、自然光のもと異彩を放つ。

和蠟燭のゆらめく炎で鑑賞する孔雀図。輝きと影が織りなす空間が至福の時を現出させる。

応挙の掛軸を前に、虎の絵に魅入られたかのように動かなくなったプライスさん。

序章

プライスさんと訪ねる大乗寺

山下裕二

二〇〇六年一〇月二六日。米国オクラホマ州生まれの江戸時代絵画コレクター、ジョー・D・プライスさんと、夫人のエツコさんを、兵庫県の大乗寺[*1]へとご案内した。寺は、京都から一〇〇キロ以上離れた日本海に面した香住（現・香美町）にある。天平年間の創建と伝わる古刹《こさつ》に、江戸中期、円山応挙[*2]が一門を率いて制作した障壁画が残されている。最晩年の応挙が最後の力を振り絞って、金箔地に墨の濃淡のみで描いた『松に孔雀図』、蘆雪《ろせつ》がすばらしいテクニックと筆の勢いを見せる『群猿図』など、いずれも、私が大好きな絵だ。

プライスさんを、どうしてもこの寺へ連れていきたいわけがあった。応挙一門による障壁画が、その置かれている環境も含めて、ほとんど当時のままに保存されているからだ。ここでは、寺での日々の行事を彩り、仏教的世界観を荘厳《しょうごん》する、障壁画本来の姿が見られるのだ。

江戸時代絵画コレクターとしてのプライスさんの名前は、この一年の間にずいぶん広まった。言うまでもなく、東京国立博物館を皮切りに、京都国立近代美術館、九州国立博物館、そして愛知県美術館へと巡回した「プライスコレクション　若冲と江戸絵画展」[*3]に、延べ百万人近い人がつめかけたからだ。

展覧会へ出かけた人は、各会場でそれぞれに、ほかの展覧会にはない趣向が凝らされていたことをご存じだろう。東京では会場の一画の照度が、時間につれて変化する仕掛けがあった。京都では、一二か月の季節の風物を描いた酒井抱一《さかいほういつ》の掛軸を、障子越しの自然光で見ることができた。

いずれも、ご自身が所蔵する絵を、できるだけ自然光に近い状態で見てほしいという、プライスさんの熱意による会場構成だった。

「江戸時代の絵画は、自然の光のなかで見なければ、そのよさがわからない」

このような持論をもっているプライスさんは、きっと大乗寺の襖絵を喜んでくれる、という確信があった。

＊1　大乗寺（だいじょうじ）
兵庫県の日本海側、香美町香住にある高野山真言宗の寺。8世紀半ばに行基菩薩によって開山されたというこの寺の13部屋の襖絵計165面（いずれも重要文化財）を、江戸時代中期の画家・円山応挙とその一門が手がけている。応挙は、各部屋の位置と周囲の自然環境まで考慮に入れ、それぞれの部屋ごとにテーマをもたせて画題を決めている。全体で立体曼荼羅を構成しているといわれる。

＊2　円山応挙（まるやま・おうきょ）
享保18～寛政7年（1733～95）。江戸中期の画家。若いころ、眼鏡絵制作に携わり西洋画の透視図法を学ぶ。写生を重視した絵で画壇の寵児となり、円山四条派の祖となる。代表作に国宝の『雪松図屏風』（東京、三井記念美術館）など。プライス・コレクションには『虎図』『赤壁図』『懸崖飛泉図屏風』がある。

＊3　「プライス・コレクション　若冲と江戸絵画展」
東京を皮切りに全国4会場をまわった展覧会。プライス・コレクションの展覧会としては、昭和59年（1984）以来、22年ぶりである。今回の展覧会の日程は以下のとおり。
東京国立博物館　平成18年（2006）7月4日～8月27日
京都国立近代美術館　平成18年（2006）9月23日～11月5日
九州国立博物館　平成19年（2007）1月1日～3月18日
愛知県美術館　平成19年（2007）4月13日～6月10日

しかも、なるべく早く行かなければならない事情もあった。近々、寺の障壁画のすべてが宝物館に収まり、室内の絵がみな複製品に替えられる予定があるのだ。急がなければならなかった。

「おお……」

はたして客殿二階、客間として使われている「猿の間」に入るなり、プライスさんの目は蘆雪の『群猿図』に釘づけになった。

プライスさんを日本の寺に案内したのは、同年夏に南紀・串本の無量寺[*4]に行って以来、二度目のことだった。その寺に残る蘆雪《ろせつ》の虎を描いた絵は、プライスさんいちばんのお気に入り。好きな絵を目の前にすると、彼は魅入られたように動きを止めて、絵師の筆づかいに目を凝らしつづける。

『群猿図』の前でも、彼はじっと座り込んでいた。その姿は、あたかも絵に溶け込んでしまったかのようだった。

「私の持っている森狙仙《もりそせん》の猿の絵が、猿そのものを写実的に描いているとしたら、蘆雪の絵にはそれをもっと超えた息吹のようなものを感じます。猿の新種のようなといったら、おかしいでしょうが、ここには蘆雪の目が見た猿のエッセンスがつまっている。ひじょうに勢いのある筆づかいで、感じるままに描いたのだと思います。ほんとうにすばらしい」

客殿には一三の部屋があり、限られた時間ですべてをまわらなければならない。しかし、プライスさんは、「この絵の前から、もう動きたくない」と笑う。いかにも名残惜しそうに「孔雀の間」へと移動。応挙畢生《ひっせい》の作に、やはりプライスさんは微動だにしなくなった。

幸い、寺の副住職である山岨眞應《やまそばしんのう》さんも、障壁画は自然光で見てほしいと思っている人。部屋の蛍光灯を消し、庭から入る柔らかな光だけで、孔雀図を鑑賞させていただい

＊4　**無量寺**（むりょうじ）
紀伊半島の南端、和歌山県串本町にある東福寺派の禅宗寺院。18世紀初めに津波によって壊滅したが、18世紀の末までになんとか再建を果たす。その際、本堂の襖絵を円山応挙に依頼するが、多忙のため応挙は一部しか描けなかった。しかし、弟子である長澤蘆雪が師の代役として南紀に出かけ残りの襖絵を描いた。師の目の届かないこの地で、蘆雪は持てる力を思う存分に発揮し、プライス氏にコレクション全体と交換してもいいと言わしめた『虎図襖』をはじめとした代表作を描く。プライス氏は師の応挙とは相いれないような個性あふれる蘆雪の絵を好み、なかでも『黒白図屏風』はお気に入りの1点である。

た。人工の明かりが消えたとたん、松の奥行きが深まり、孔雀の羽の動感が増す。プライスさんも思わず、感嘆の声を漏らす。

「完璧です。生命そのものが描かれています。応挙の絵は、すこし堅い感じのものもありますが、この絵からそういう印象は受けませんね」

さらに日が暮れかけたころ、副住職が太い和蠟燭をともした。いかにも日本的な陰翳《いんえい》を生み出す揺れる明かりのなかで、プライスさんはいつまでも孔雀を見続けていた。

二日間かけて大乗寺の障壁画を堪能《たんのう》したプライスさんは、帰りぎわ客殿前の応挙像に「Good job!」と声をかけた。


その後、あらためて感想をうかがった。

「すばらしい。パーフェクトな体験でした。いつも不思議に思っているのは、多くの人が、光の大切さに関心をもっていないということです。じつは、日本のある美術館で、若冲の『石灯籠図屛風』を見たとき、特別に館内の明かりを落としてもらったんです。美術館の人も私の熱意に負けたようで、閉館後に特別にそうしてもらいました。その場にいた人は、絵があまりにも変化したので、みな驚きの声をあげていましたよ。ところが翌朝には、光はもとに戻っていた。『どうして、明るくしたのですか』と聞いたら、『暗くするのは不可能です』という答えでした。公の施設だから仕方ないんでしょうけど」

プライスさんに接していると、ほんとうのコレクションとは、ある種の表現行為なのだと思う。

美術品に対して、対価を支払い、わがものとする。それが、なぜ表現行為なのか、と問われるかもしれない。だが、プライス・コレクションに集積された、若冲や、蘆雪や、蕭白《しょうはく》や応挙の絵を見て、そのコレクションにまつわるストーリーを知れば、それがまぎれもない表現行為であることを、多くの人が理解されるのではないか。

一八世紀半ばの京都。すさまじい才能をもった画家たちが、京の街中の、歩いて行き来できるようなところに住んでいた。パリやニューヨークに喩《たと》えるのは癪《しゃく》だが、これほどの才能がぎゅっと凝縮された場所に集まったことは、歴史上、そうあることではない。あるいは、一六世紀のフィレンツェや、一二世紀の杭州に喩えたほうがいいか……。

だが、そんな画家たちのすごさを、とうの日本人は長らく忘却してきた。若冲ひとりとっても、二〇年前には、「ジャクチュウ」と読める人など、ほとんどいなかった。情けない「近代史」や「戦後史」を象徴する事実である。

一九五三年、スポーツカーを買うつもりのお金を、若冲に換えた若きプライスさんは、日本人が忘却していた美観を独力で理解し、その後、コレクションに邁進《まいしん》した。江戸時代絵画のすばらしさを、繰り返し、控えめに、しかし熱く語り、研究者たちを鼓舞してきた。かつてオクラホマにあった邸宅や、現在ロサンゼルス近郊にある邸宅で、プライスさんから計り知れないほどの恩恵を授かった研究者が、どれほどいたことか。言うまでもなく、私もそのひとりである。

私がはじめてプライス・コレクションに接した機会は、一九八四年に赤坂のサントリー美術館（二〇〇七年、六本木、東京ミッドタウンに移転）で開催された「異色の江戸絵画――アメリカ・プライスコレクション」展[*5]だった。もう二〇年以上前のこと。その前年、私は美術史の勉強が嫌になって、いったん大学院をやめたりしたのだが、ようやく博士課程に復学した直後だった。いま、その折の薄いカタログをとりだしてみると、赤いボールペンで書き込みがされていたりして、昔の自分を見るのが、なんだか恥ずかしいような気がする。

それ以前から、指導教官の辻惟雄《つじのぶお》先生や先輩たちからコレクターとしてのプライスさんの噂はいろいろ聞いていた。とくに印象深いのは、数年先輩の奥平俊六氏[*6]（現・大阪大学教授）と佐藤康宏氏[*7]（現・東京大学教授）が、ふたりでアメリカ旅行をした際、オクラホマのプライス邸を訪ねた際のことをいろいろ話してくれたことだった。

その後、一九八七年に博士課程を終えた私は、東大の美術史研究室の助手となった。初めてプライス夫妻とお会いしたのがいつのことか、正確には思い出せないが、たしかその前後のことだと思う。辻先生とともに、プライス夫妻と会食する機会が何度かあったはずだ。そのころ、プライス夫妻はオクラホマから現在のロサンゼルス近郊に転居されていて、「どうぞ、いつでもいらしてください。なんでもお見せしますから」と何度も言われていたのだった。

ただ、当時の私は、室町時代の水墨画を研究対象に絞っていたこともあって、プライス邸訪問は、それからさらに数年後のこととなる。

一九九三年、私は、東京国立文化財研究所（現・東京文化財研究所）が進める「海外所在日本美術調査」事業のスタッフに加わり、島尾新氏[*8]（現・多摩美術大学教授）らとともに、初めてプライス邸を訪ねた。滞在は一週間近くにおよび、その間、毎日所蔵品を調査・撮影し、濃密な時間を過ごしたのだった。

以後、日本でもアメリカでも、プライス夫妻と何度もお会いし、私も、「室町水墨画研究者」から「日本美術応援団長」へとシフトしていったこともあって、このコレクションとのかかわりを徐々に深めていったのだった。

プライスさんの「表現行為としてのコレクション」が、どのような経緯によって成立したのか。お会いしてお話しするたびに、私の興味は増していた。

そこで、生まれ育ちから、江戸美術との出会い、そしてみずからのコレクションをより多くの人に見てもらいたいという無私のはたらきかけまで、その人生のすべてを、余すところなく語っていただくことにした。

＊5　「異色の江戸絵画――アメリカ・プライスコレクション」展
昭和59年（1984）9月15日～11月4日まで、かつて赤坂見附にあったサントリー美術館で開かれた。プライス・コレクションをまとめて日本に紹介する初めての展覧会で、伊藤若冲の『葡萄図』『紫陽花双鶏図』、酒井抱一の『一二か月花鳥図』など82点が展観された。翌年同じ内容で、大阪市立美術館で「海を渡った日本の美　心遠館コレクション」展が開かれた（4月13日～5月26日）。

＊6　奥平俊六（おくだいら・しゅんろく）
1953年愛媛県生まれ。東京大学大学院修了。日本近世絵画史専攻。大阪大学大学院文学研究科教授。おもな著書に『洛中洛外図　舟木本　町のにぎわいが聞こえる』（小学館）、『絵は語る10　彦根屛風』（平凡社）などがある。

＊7　佐藤康宏（さとう・やすひろ）
1955年宮崎県生まれ。東京大学大学院修了。美術史家。東京大学大学院人文社会系研究科教授。おもな著書に『新編名宝日本の美術27　若冲・蕭白』（小学館）、『絵は語る11　湯女図』（平凡社）など。

＊8　島尾 新（しまお・あらた）
1953年東京都生まれ。東京大学大学院修了。日本中世絵画史専攻。多摩美術大学美術学部教授。おもな著書に『雪舟の「山水長巻」　風景絵巻の世界で遊ぼう』（小学館）、『絵は語る5　瓢鮎図』（平凡社）などがある。

第一章

出生から大学生活、
そしてライトとの出会い

山下　まず、日本美術コレクターとなるまでの経緯をお伺いしたいと思います。ジョーさんは、いつ、どこでお生まれになったのですか。

プライス　誕生日は、一九二九年一〇月二〇日。故郷はオクラホマ州のバートルズビル（Bartlesville）という小さな町です。正確な出生地は、そこから五〇キロほど南に下ったタルサ（Tulsa）となるでしょう。というのはそのころ、バートルズビルは人口一万人にも満たない小さな町で、満足な病院もなかったのです。そのため母メアリー・ルー（Mary Lou）は、出産日が近づくとタルサの病院に入らなければなりませんでした。

山下　オクラホマ州というと、アメリカ内陸の南部ですね。日本人には、なじみの薄い土地かもしれません。

プライス　でしょうね。私にとっても日本は遠い国でしたから。[*9] オクラホマ州について、少しご説明申しあげましょう。

　オクラホマは、アメリカ中央部に広がる「グレート・プレーンズ」と呼ばれる大平原の南端にあります。北はカンザス州に、南はテキサス州に接しています。たいへん肥沃

オクラホマでのプライス氏一家。右からふたりめが、幼少時のジョーさん。

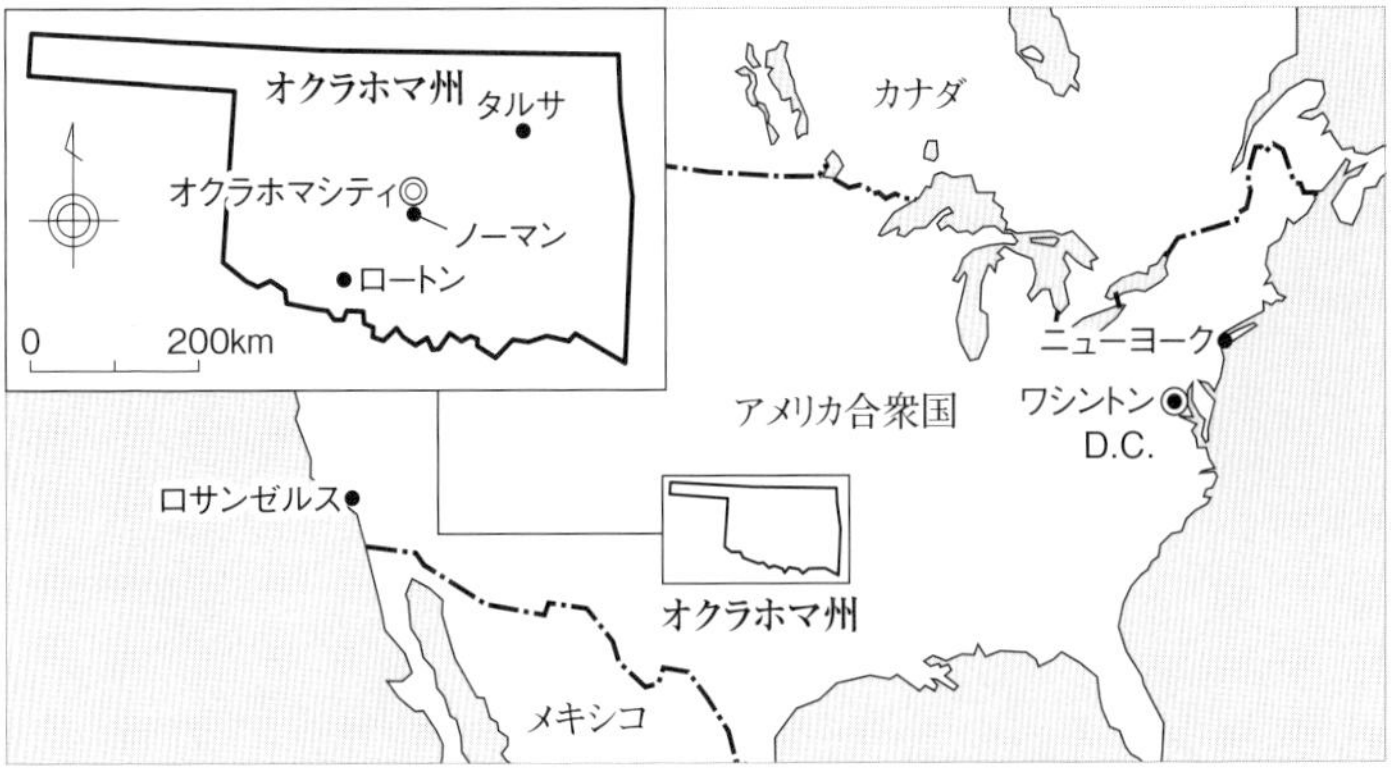

で、そして真っ平らな土地です。

このあたりは、一九世紀の終わりくらいまでは、アメリカ先住民のテリトリーと定められていましたから、ヨーロッパ系の移民は住んでいませんでした。オクラホマという名称も、先住民の言葉で「赤い人」を意味します。

オクラホマ地域への白人の入植が許されたのは、一八八九年。州に昇格したのは、二〇世紀に入ってからの、一九〇七年です。アメリカでは四六番目という、たいへん若い州なんですよ。

バートルズビルやタルサといった町も、もともとテキサスの牧場からカンザスの市場まで牛を移動させる人々が、牛に餌を与えるために立ち寄るだけの場所でした。牛が好むブルーグラスという草がたくさん生えているからです。この牛の移動は、キャトル・ドライブといいまして、ジョン・ウェイン主演の『赤い河』[*10]という映画で、その様子を見ることができます。ちなみに、この映画の舞台になった、レッド・リヴァー（赤い河）は、オクラホマとテキサスの州境を流れています。

いずれにせよ、一九世紀までのオクラホマは、人が好んで集まってくるような土地ではありませんでした。

山下　そうしますとプライス家も、もともとオクラホマにいたわけではありませんね。

プライス　はい。父、ハロルド・チャールズ・プライス（Harold Charles Price）は、一八八八年にワシントンＤＣで生まれています。

父は、いろいろ事情があって高校を卒業できませんでした。そこで高校の卒業証書がなくても入れる学校を探し、コロラドの鉱山学校に進学します。その学校を卒業したのが、一九一二年。直後にバートルズビルに来て、亜鉛溶接を専門とする会社に就職しました。というのは、二〇世紀初頭のオクラホマ州は、石油が出ることがわかったため、一攫千金《いっかくせんきん》をねらう人が続々と集まってきていたんですね。二〇世紀最初の一〇年間で、オクラホマの人口は何倍にもふくれあがりました。そして石油産業の発達に伴って、油田をつくるのに必要な掘削業や建設業、金属加工業なども盛んになりました。父が目をつけたのは、この金属加工業の部分です。

私の故郷バートルズビルで、最初に石油が掘られたのは、一八九七年です。その七年後には、バートルズビルだけで一五〇くらいの石油会社が乱立してました。さらに一九一七年には、床屋をやっていたフランク・フィリップス（Frank Phillips）という男が、有望な土地を手に入れて六六フィート掘ったところ、見事、石油に当たりました。

そこで興《おこ》した会社の名が、フィリップス66。のちに、大会社に成長しています。
ところでロサンゼルスには、[*11]ゲッティ・ミュージアムという古今の名作を集めた有名な美術館がありますね。あそこを建設したジャン・ポール・ゲッティ（Jean Paul Getty）が、石油王であることは知られていますが、彼のもっている油田がオクラホマにあったことはあまり知られていません。彼の本拠地はタルサでした。彼が開発した油田で、巨万の富を得たのです。

山下　お父様は、バートルズビルですぐに独立されたのですか。

プライス　いや、しばらくは溶接会社で働いていました。その間に第一次世界大戦にも従軍しています。ところが一九二一年に、勤めていた会社が倒産してしまったのです。職を失った父は、自分で会社を興すしかなかった。そのときには、ニューヨークで実業家として成功していた伯父《おじ》の援助も受けたそうです。

山下　新しい会社も溶接会社ですか？

プライス　はい。父に先見の明があったのは、当時まだ新しい技術であった電気溶接（スポット溶接）に着目したことです。二枚の薄い金属を圧着して電気を流すと、抵抗熱によって金属が溶けて接合するのです。薄い板金の溶接には有利な手法でした。ただし、会社が軌道に乗るには、いましばらく時間がかかったようですが。

山下　ジョーさんが生まれた一九二九年には、もう大きな会社になっていましたか。

プライス　いやいや、まだまだです。父と母のメアリー・ルーが結婚したのが、一九二

＊9　オクラホマ州
アメリカ合衆国南部にある州。1803年、フランス領からアメリカ領になる。グレート・プレーンズの南端に位置し、小麦の大産地。石油・天然ガスなどの地下資源にも恵まれている。州都にして最大の都市はオクラホマシティ、タルサ市はそれに次ぐ。

＊10　『赤い河』
1948年制作のアメリカ映画。南北戦争を挟んだ時代、開拓精神あふれるカウボーイたちが織りなす正統派西部劇映画。監督ハワード・ホークス。主演はジョン・ウェイン、モンゴメリー・クリフト。

＊11　ゲッティ・ミュージアム
オクラホマ州で大油田を掘りあて、財をなしたジャン・ポール・ゲッティ（1892〜1976）が長年集めた美術品を広く公開する目的で建てた美術館。ロサンゼルス近郊のマリブの私邸に開館した（一時閉館していたが、2006年改装して再び公開）。さらに、97年にサンタ・モニカのブレントウッドの丘の上に、13年の年月をかけて、研究・教育施設を兼ねた総合アートセンター「ゲッティ・センター」のなかに完成する。レンブラント、ティツィアーノから、ゴッホ、ルノワール、セザンヌにいたる西洋美術の粋、さらに装飾美術の数々が堪能でき、アメリカ西海岸随一のコレクションを誇る。

六年。母は、オクラホマ大学を出て、学校の先生をしていたのですが、結婚後も勤めつづけて家計を支えていました。そして二七年に兄のハロルド・ジュニアが、二九年に私が生まれました。

一九二九年といえば、ニューヨークの株価が大暴落して、*12世界的な大恐慌が起こった年です。その煽《あお》りを受けて、父の仕事はまったくなくなりました。そんなときに私が生まれたのです。

山下　大恐慌ですかあ……。するとジョーさんは、生まれたときからお金持ちだったわけではないんですね（笑）。

プライス　父の会社は軌道に乗るどころか、どん底でしたからね。母は学校の先生をしていましたが、とても裕福とはいえませんでした。会社の経営が好転したのは、私が八歳になった一九三七年頃です。溶接技術で特許をとり、*13パイプラインの事業を始めたのです。

山下　どのような特許ですか。

プライス　鉄のパイプを内側から溶接する技術です。丸いパイプを外側から溶接すると、どうしても溶接材が下に落ちてしまいますね。父はその問題を解決して、まるで継ぎ目がないような鉄製のパイプを完成させたのです。それはとても画期的な技術でした。一九四〇年代には、合衆国南西部の油田やガス田のパイプラインは、ほぼすべて父の会社が引きました。そのなかには、南部のテキサス州から東部のニュージャージー州まで結ぶ長大な石油パイプラインもありました。南米ヴェネズエラの油田にも使われましたね。

＊12　世界的な大恐慌
1929年のニューヨーク株式市場の暴落に端を発し、その後、33年までの長期にわたり、ソ連を除く世界主要国におよんだ経済恐慌。1929年10月24日、のちに「暗黒の木曜日」と呼ばれるウォール街の株価の暴落は、2か月で平均42%急落し、33年に底を見せるまで経済は世界的に大混乱をきたした。

＊13　パイプライン
一般的には、恒久的に設置したパイプを通じて、石油や天然ガスなどを大量に効率よく、安全に輸送するシステムのこと。アメリカで1862年に300メートルほどの石油パイプラインを設置したことが始まりとされる。

山下　なるほど。ところでジョーさん自身は、どんなお子さんでした？

プライス　可愛《かわい》かったですよ（笑）。

山下　そうでしょうねえ（笑）。

プライス　ところがじつは、思い出すのもつらいことなのですが、私は言葉がうまく話せない子どもだったんです。話そうとしても、どうしても言葉につまるのです。父も母も、いろんな先生に見せに連れて行きましたが、治りませんでした。

もっとも私自身は、自分が話せないことを、しばらく自覚していませんでしたが。どうして自分にだけ特別にスピーチの先生がつくのか、不思議に思っていたくらいです。父と母が何を気にやみ、何を治そうとしているのか、まったく理解していませんでした。自覚したのは、小学校二年生のときです。授業中、先生に指されて立ったんですけど、私の口からどうしても言葉が出てこなかった。そこで、ようやくわかったんです。「ああ、ぼくは言葉がうまく話せないんだ」と。

エッコさんの話

「ジョーは小さいころから負けず嫌いで、父親とスポーツをするときでさえ、勝つまでやめなかったんです。叱られたときも、なにくそと我慢して、決して泣かなかったそうです。そのため父は、さらに厳しく接してしまった。それでもジョーは泣かない。我慢に我慢を重ねたあげく、三歳ぐらいから、言葉がつまるようになったんです。あとでジョーの母親が、厳しく育てすぎたのかな、と言ってました」

山下　すると、ほかの人とコミュニケーションをとるのが難しかった?

プライス　特別な苦労はそれほどありませんでした。きっと友達や家族に恵まれたんでしょう。初めて自分の声をしっかり聞けるようになったのは、それから五年後、七年生(日本の中学一年)のときです。さすがにのんびりとしすぎだったかもしれませんが、のどかな田舎で育ったのがよかったんでしょうね。これがニューヨークなどの都会だったら、また別の苦しみがあったかもしれません。

こういうハンディキャップをもって、かえって興味深いな、と思うことはあります。

私は言葉がうまく話せなかったから、人とコミュニケーションを図るときは、目に頼ることが多かったんです。相手の表情の変化や、細かいしぐさを見逃さないようにする。目が見えない人は聴力が敏感だといいますけど、私の場合は、言葉が話せないぶん、視覚がとぎすまされました。そのため、子どものころから、夕映えや自然の美しさを、人よりよけいに楽しんできたと思います。それがのちに、日本美術を見るときにも、大いに役立ちました。もちろん、いまだから言えることですが。

山下　一〇代のころ、何かに熱中されてましたか。

プライス　さあ。うまく話せないぶん、内気な少年でしたから。とくに何かに熱中したということはありません。フットボールなどは人並みにやりましたけどね。そうですね、高校生のころは、野菜を育てるのが好きだったかな。

山下　え、野菜ですか。

プライス　ええ。一九四〇年代の初め、私がまだローティーンだったころ、母がバートルズビルの南西部に一〇〇エーカー（四〇ヘクタール）を超える農場を買ったんです。「スター・ヴュー・ファーム（Star View Farm）」と名付けましてね、そこで馬術大会などに使われる乗馬用の馬を育てていました。高校生になった私は、週末になるたびに友人とその農場へ行って、野菜の栽培をしていました。トマトなんかをつくって、八百屋に売りに行ったりもしましたよ。

山下　若沖も青物商人[*14]でした。するとそのころからもう、若沖と同じように野菜と縁があったわけですね（笑）。

プライス　そうなりますかね（笑）。特別なことをしているつもりはなかったんですけど。野菜づくりが楽しかったんです。

エツコさんの話

「ジョーの母親は、趣味で農園をやって、サラブレットを育てていたんです。父親は、ビジネスに忙しく、夜になると自家用機のDC3[*15]に二〇人くらい客を乗せて連れてくる。ですから母親も夜は着飾って客の接待をするんですが、

1950年、ハロルド・プライス・カンパニーのロゴの
入った自家用機DC3に乗り込むプライス氏のご両親。

日中はトラクターの運転をしているような人でした。いかにもアメリカ的に厳格な家族で、そのなかで、ジョーは厳しくしつけられたそうです」

山下　ところでジョーさんが一〇代のころといえば、第二次世界大戦がありました。日本は敵国として意識されていましたか。

プライス　いや、とくに否定的な感情をもってはいませんでした。もちろん真珠湾攻撃とか、ミッドウェーで戦況が変わったとか、戦争の経緯はラジオのニュースで知ってい

＊14　青物商人
伊藤若冲は京都・錦小路の青物問屋「桝屋」(通称「桝源」)主人伊藤源左衛門の長男として生まれる。父の死に伴い、23歳で4代目当主となるが、絵画への思い断ちがたく、宝暦5年（1755)、40にして弟に家督を譲り、画事に専念することになる。

＊15　DC3
アメリカの旅客機メーカー、ダグラス社が開発した傑作の誉れ高い旅客機。1935年の初飛行から47年に生産を中止するまでの総生産数は1万機を超える。座席は28席型で、旅客機としてはずば抜けて生産機数の多い名機として世界の空を制覇。ダグラス社はこのDC3によって、旅客機メーカーとして不動の地位を確立した。

ましたが。ただ、私の意識としては、むしろ大きな敵はヨーロッパにいると思っていました。それに比べれば、日本は、もっとはるかに遠い存在でした。

山下　日本はどのような国だと思っていましたか。

プライス　正直なところ、日本やアジアについて、あまり知らなかったのです。日本は、小さなものをつくるのが上手な国だな、ぐらいにしか思っていませんでした。

戦争の影響があったとすれば、父の会社が大きくなったことですね。これは否定しえない事実です。戦時中、父はふたりの人物と組んで仕事をしていました。いまでは世界最大の建設会社となったベクテル社の創設者であるスティーブン・ベクテル（Stephen D. Bechtel）。もうひとりは、ビジネスマンからのちにＣＩＡ長官にまで昇りつめたジョン・マコーン（John Alexander McCone）です。

主要な事業は輸送船の建設で、そのために父のもつ溶接技術が役立ったのです。カナダからアラスカへパイプラインを引く事業もありました。アメリカの軍部は、日本がアラスカから侵攻するんじゃないかと心配して、その対策として、当時は油田のなかったアラスカへ石油を輸送する手段を確保しようとしたのです。結局、戦争が終わり、そのパイプラインが実際に使われることはありませんでしたが。

大学でフランク・ロイド・ライトに出会う

山下　そして戦後すぐの一九四七年、ジョーさんは、オクラホマ大学に進学されました。専攻は？

プライス　機械工学（engineering）です。

山下　お父様のご希望ですか。

プライス　選択の余地はありませんでした。父の会社を継ぐのは当たり前だと思っていたので、ほかのコースは思いつきませんでした。兄は経営学（business）を専攻し、私は工学部に進んだのです。

山下　そして大学では、建築家の[*16]フランク・ロイド・ライト（Frank Lloyd Wright）

と出会う。日本でも、いまは愛知県の明治村に移築された旧帝国ホテル本館を建てたりして、ひじょうによく知られた人物です。ジョーさんの人生にも大きな影響を与えるのですが、その経緯を教えていただけますか。

プライス　それにはまず、ライト氏の親友にあたるブルース・ゴフ氏*17（Bruce Goff）との出会いから話さねばならないでしょう。

山下　ゴフ氏というと、のちにジョーさんのご自宅を設計された建築家ですね。どのような方ですか。

プライス　天才肌で、ひじょうに発想豊かな人でした。カンザス州の生まれですが、独学で建築を勉強して、一二歳のときには、タルサの建築事務所で働いていました。タルサ時代の代表作としては、一九二〇年代後半に建てられたボストン・アヴェニュー・メソジスト教会が残っていますね。これは、アメリカのアール・デコ建築の代表作といわれています。その後、シカゴに住み、一九四二年にオクラホマ大学の建築学部長として招かれました。もっとも彼がオクラホマ大学で教鞭《きょうべん》をとるまでには、ひと悶着《もんちゃく》あったそうです。ゴフ氏は一〇代からプロの建築家として働いていましたから、高校を卒業していません。ところがオクラホマ州の法律では、大学を卒業していないと、学部長になれない決まりがある。そこで大学では、工学部の下部組織として建築部門をつくり、事実上の建築学部長として招き入れたのです。このころから彼の作風は、ライト氏が提唱する「オーガニック建築」に共鳴するものとなりました。それは、つまり自然の造形美と機能を形態に生かし、なおかつ住空間の心地よさを重視した建築です。

山下　機械工学を専攻されていたジョーさんが、どういうきっかけで建築学部のゴフ氏

＊16　フランク・ロイド・ライト
アメリカを代表する建築家（1867〜1959）。大正時代に来日し、旧帝国ホテルの設計を手がける。自然に敬意を払う日本人像を日本の浮世絵を通じて学び、自身も浮世絵を収集する。ウィスコンシン州に「タリアセン」と名付けた住居兼学校をつくり、後進の指導に努めた。
大谷石を多用した装飾で知られる旧帝国ホテル本館（1929年竣工）が初期の傑作ならば、螺旋状のスロープを内包するニューヨークのグッゲンハイム美術館（1959年竣工）は晩年の傑作。ル・コルビュジエ、ミース・ファン・デル・ローエとともに、20世紀建築界における三大巨匠とされる。

＊17　ブルース・ゴフ
アメリカ、カンザス州生まれの建築家（1904〜82）。建築家ライトが提唱した、機能と形態が一体化し、さらに周囲に溶け込む自然の造形物に倣ったオーガニック建築を継承した。プライス氏のオクラホマの独身者の家を設計し、プライス氏の家族が増えるごとに増築も手がけた。ロサンゼルス・カウンティ美術館の「日本館」の設計を手がけるが、完成を見ることなくこの世を去る。

と知り合ったのですか。

プライス　それには、思いもよらぬ顚末《てんまつ》があったのです。順を追って話しましょう。

工学部に入って一年目の私は、遊ぶ友達もいなかったので、たいへん真面目に勉強しました。すると、なんと学年で一番になってしまったのです。そのご褒美に父にカメラを買ってもらいました。「何が欲しいか」と聞かれたので、「カメラ」と答えたのです。そして手に入れたのが、ドイツ製の大判[*18]4×5サイズのカメラ、リンホフテヒニカ[*19]です。木箱に組み込まれた蛇腹式で、当時、報道用カメラとしては最高の性能をもつとされていました。

それからは、もう写真に夢中になりました。何しろシャッターを切って写るのは、まさに私が見たものなんですから。それは他人が見たものでなければ、本を通して知りえたものでもない。私は、自分が完全に自由になるのを感じました。授業がおもしろくないと感じはじめたこともあり、来る日も来る日も写真を撮っていましたね。そのおかげで、学校の成績は下がりましたが（笑）。

そのうちの一枚を、友人がたまたまゴフ氏に見せたところ、たいそう気に入ってくれたのです。友人を通して「会いたい」と言われ、会いに行きました。

山下　研究室に会いに行かれたのですか。

プライス　まず最初は友人に連れられて、ゴフ氏の授業を受けました。彼の講義を聴きながら、こんなに魅力的な学問があるのかと思いましたね。自然はもちろん、音楽や絵画への理解が、建築物の設計に影響を与えるなんて考えたこともありませんでしたから。またそれほど、機械工学の授業には、嫌気がさしていたんです。そんな折、決定的に機械工学が嫌いになることが起こりました。ある問題を解くのに、自分なりの解法を見つけて正答に導いたら、教授からは、教科書に載っている公式とは違うからダメだと言わ

＊18　4×5
縦4インチ、横5インチの大判の写真用フィルムのこと。「しのご」と呼ぶ。フィルム面積で比較すると、4×5サイズのフィルムは、通常の35㎜フィルムの13倍の面積にあたる。このフィルムを使いこなすのは簡便とはいかないが、高い描写力と大きく引き延ばしても画質の劣化が少ないことから、デジタルカメラが席巻するいまでも、撮影対象によって使い分けるプロの写真家は多い。

＊19　リンホフテヒニカ
リンホフ社は19世紀末に創業したドイツのカメラメーカー。世界でも名だたる大判カメラメーカーとして知られる。テヒニカはリンホフを代表するフィールドカメラで、プロの間でも羨望のまなざしで見られる名機である。

機械工学の授業に身が入らなくなり、夢中で写真を撮っていた大学時代のプライス氏。

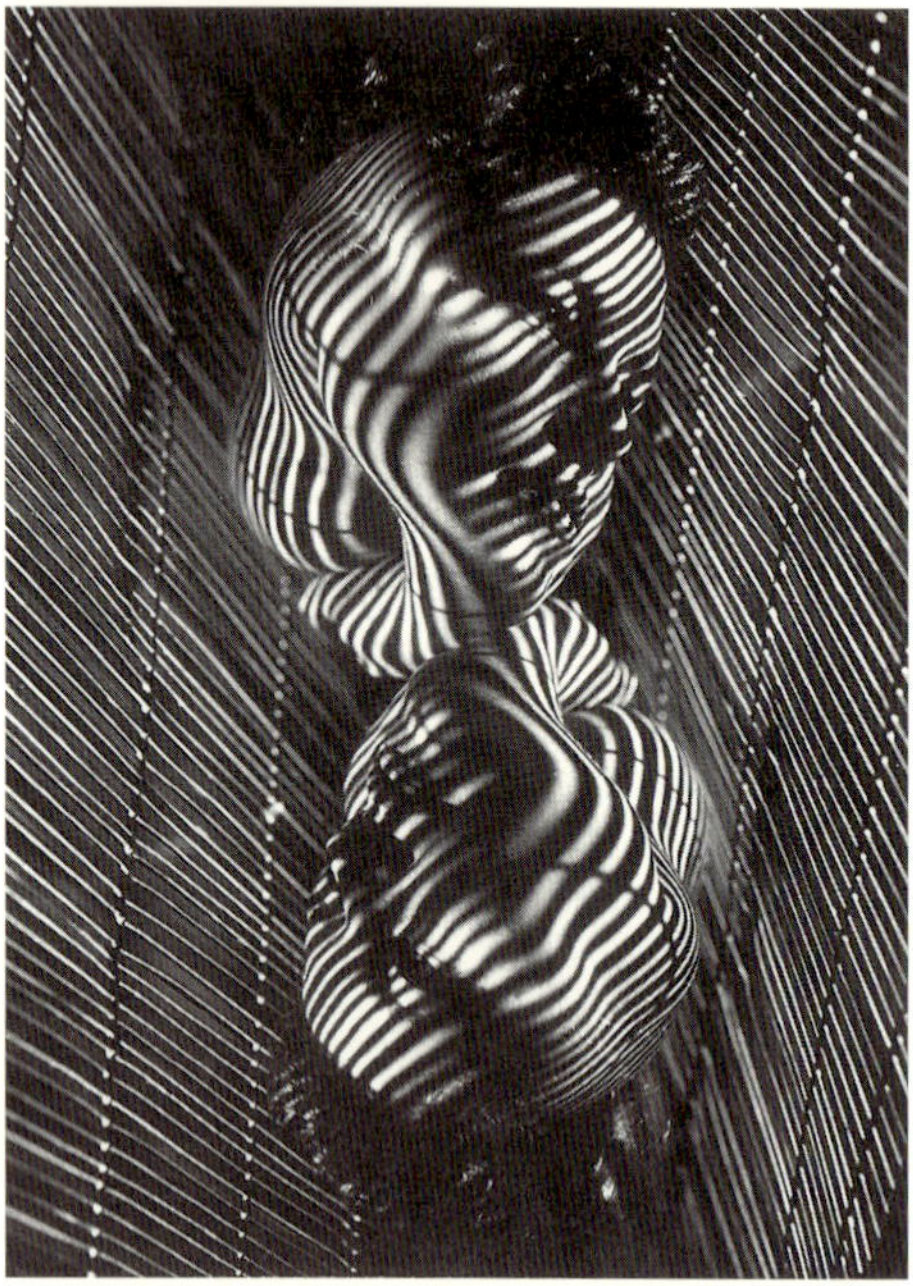

女性の美しさを緻密な構図で表現した、大学時代のプライス氏の写真作品。この写真が縁で、ゴフ氏と知り合うことになる。

れた。なぜ教科書どおりじゃないといけないのか、教授は言ってくれない。私の解法が、普遍的でないというなら、もちろん納得できます。しかし、それもまた、たしかに正答にいたるひとつの道筋だった。もう、気がくるいそうになりましたよ。

山下　建築学科へと進路変更したのですか。

プライス　いや、工学部を卒業しなければいけないのには変わりないですから。ただゴフ氏の授業に出ただけです。単位はとれません。

山下　そういうもぐりの学生には優秀な人が多いんですよ。ぼくの美術史の講義でもそうです（笑）。ちなみに、ゴフ氏が気に入ったのは、どういう写真でした？

プライス　女性を撮影した写真です。二年生のときは、大学の年鑑用にキャンパス・クイーンを撮ったりと、女性のポートレートをたくさん撮影していました。三年生になって、授業がますます苦痛に感じられてきたので、両親に頼み込んで、彼らが計画していたアジア旅行に連れて行ってもらいました。サンフランシスコから船でハワイに行き、そこから先は飛行艇です。香港、バンコク、バリ島、フィジー、オーストラリアなどをまわりました。アジアの女性やタイの寺院にいたく魅了され、たくさんの写真を撮りました。持っていったのは、二眼レフ[*20]のローライフレックス。さすがにリンホフでは、重すぎますからね。

そういえば、アジア旅行で撮影した写真をミズーリ大学のジャーナリズム学科が主催するコンクールに応募したら、一等賞をとりましたよ。そのときは、じつにたくさんの写真を長い時間かけてプリントして送ったんだけど、返してはもらえませんでしたね。

山下　ライト氏と出会ったのは、そのアジア旅行のあとになりますか。

プライス　四年生のときです。ゴフ氏の授業のゲストとして、一度講義をしに大学に来たのです。在学中に会ったのは、そのときだけでしたが、卒業間際に私とライト氏を近づける出来事がありました。

そのころ、大学内に礼拝堂を建てる計画があって、その設計をゴフ氏がしたのです。設計図を見たときは、たいへん驚きました。ピラミッド型のクリスタル製のような建物です。いま、ルーヴル美術館にピラミッドがありますけど、あれを完全に先取りしたものでした。無宗派の礼拝堂とするため、そのような形にしたといいます。

ところが建設に着手する前に、ひとりの学生が飛行機事故で死んだ。地元の裕福な自動車ディーラーの息子でした。彼の親が、追悼の意味を込めて、大学に礼拝堂を寄贈するというんですよ。もちろん建築費はすべて親もちです。そこで新たに計画されたのが、一七〜一八世紀に流行したニューイングランド様式[*21]のまことに古くさい建物でした。

私は、憤慨しましてね、フランク・ロイド・ライトにあてて手紙を書いたのです。「ゴフ氏設計の礼拝堂が建てられないことになりました。こんなことが、あっていいのでしょうか」と。

＊20　二眼レフのローライフレックス
1928年に世界で初めて二眼レフカメラを発売したドイツのカメラメーカー、ローライ社がその翌年に発売した二眼レフカメラ。二眼レフカメラとは、撮影用とピントを合わせるためのふたつのレンズをもつ縦長の箱型カメラ。撮影者は上部のフードをのぞき込むようにしてピントを合わせ、まるでお辞儀をするような姿で撮影する。ローライフレックスは幅61.5㎜のブローニーサイズのフィルムを使用する中判カメラ。操作性もよく高画質の写真が撮影できるので人気があった。いまでも二眼レフといえばローライ社のものを指すことが多い。プライス氏がタヒチに向かった1960年には、いまなお人気のあるローライフレックスF2.8が発売され、プライス氏の使用カメラもこのF2.8であった。

＊21　ニューイングランド様式
17世紀初め、アメリカに入植したイギリス人が本国の建築をもとにつくりあげた建築様式。ピューリタン精神に基づいた、飾り気のない、簡素な外観を特徴とする。17〜18世紀にかけて、アメリカで隆盛をみた様式。森林資源が豊富なアメリカの特徴を生かし、外壁にも木材を多用した。

すると、とても美しい手紙がすぐに返ってきました。「学生たちよ、希望を失ってはいけない。失敗を乗り越えたあとに、よいことが必ずある」と書かれていました。

私は、その手紙を学生新聞に載せろと編集者に見せた。彼は弱腰で、「とても、こんなものは載せられない」と断わられた。ジャーナリズム学科の教授にも拒絶されました。副学部長のところに行くと、門前払い。最後に学長に会いました。

学長は、「礼拝堂はふたついらない。よけいな建物の建設に、納税者からいただいた金を使うわけにはいかない」と私を説得しました。

もうこんな大学にいられないと思いましたよ。私は寮にとって返すと、服や本などあらゆる荷物を車のトランクに押し込み、三時間かけて家まで戻りました。

するとどうでしょう。家に戻ると、飛行機で飛んできた学長が、すでに両親と会っているのです。結局、私の事情も考慮され、卒業には二か月足りませんでしたけど、卒業資格が与えられました。

山下　卒業されたのは、一九五一年？

プライス　そうですね。いや、しばらくアジア旅行に出かけたぶん、遅れたから、五二年になっていたかもしれません。

山下　ジョーさんが卒業してすぐに、お父様は自社ビルの設計をライト氏に依頼しています。のちのプライス・タワー[*22]です。お父様にライト氏を紹介したのも、その事件がきっかけですか。

プライス　自社ビルを建てるならライト氏の設計がいいとは、五一年頃から話していたと思います。プライス社の新社屋を建てるにあたって、父が考えていたことがひとつありました。それは、ただの真四角なビルにしないということです。バートルズビルには、先ほども話しましたフィリップス66という石油会社があって、この会社に関連した建物が、いくつもありました。しかし、どれも建設会社に任せきりのなんの変哲もないビルで、とても味気ないものでした。父は、フィリップスの建物は故郷の景色にふさわしくないと、心ひそかに憤慨していたようです。もちろんフィリップス家とは、家族づきあいの仲ですから、はっきりと口にはしませんが。

じつは私は、最初はゴフ氏に依頼したのです。すると彼は、「その仕事はたいへんやりたいけど、ほんとうに最高の建築家を探しているのなら、迷わずにライト氏を訪ねる

プライス氏が撮影した建築家フランク・ロイド・ライト（左）と父親のハロルド・プライス氏。プライス・タワーの設計案を検討中のふたり。プライス氏にとってはもうひとりの父といえるほど人生に大きな影響を与えたライト氏。

べきだ」と助言してくれました。そこで五二年、父がDC3に乗って、ライト氏に会いに行くことになったのです。母と兄、そして私も同行しました。

ウィスコンシン州にあったライト氏のスタジオ「タリアセン」*23に到着したときのことは、よく覚えています。父はライト氏の住まいを見て、最初は彼のデザインをあまり気に入らなかったようです。「こんな建物は、バートルズビルには、いくらでも建っているじゃないか」と私にもらしました。しかし建物の前の石を見たときから、考えが変わりました。そこには「1903」という刻印がある。「これはなんですか」と尋ねると、「建物がたった年です」とライト氏は答えました。これには、私たちはみな驚きました。

＊22　プライス・タワー
フランク・ロイド・ライトが設計し、実現した唯一の高層ビル。19階からなり、1956年竣工。当初はプライス氏の父の会社、H・C・プライス・カンパニーの社屋として設計される。このビルの建築の監理を任されたプライス氏は、その仕事の期間を通じてライトと親しく交わり、ライト独特の自然感を学ぶ。たびたびプライス氏が引き合いに出す「God（神）という語は、ふつう、大文字で始められるが、私はNature（自然）という語も大文字で始めるよ」というライトとの会話もここでなされた。「森から抜け出してただ1本そびえたつ樹」を設計理念としたプライス・タワーはいまもオクラホマ州バートルズビルにあり、貴重な建築遺産として世界中の人々に愛されている。ライトの建築として公開もされ、一部はホテルとしても利用できる。

＊23　タリアセン
建築家フランク・ロイド・ライトの住居兼学校の名称。アメリカの五大湖の西、ウィスコンシン州の州都マディソンの郊外にあった。「タリアセン」は古いイギリスの民話に出てくる言葉で、額から放たれる光を意味するといわれる。

完成したプライス・タワー外観。意匠を施した銅版のパネルが、外壁にほどよいリズムとアクセントを与えている。

プライス・タワー開業の日に押しかけた群衆。人々は開館を待ちわびて長蛇の列をなした。プライス氏の撮影。

1956年2月9日、プライス・タワー完成の除幕式でのひとこま。マイクの前に立つのが父親のハロルド・プライス氏。その右側、帽子姿の特徴あるいでたちが建築家のライト氏。プライス氏の撮影。

建設から五〇年近くたっているのに、デザインが少しも古びた感じがしないのです。ライト氏が、流行を追っているのではなく、普遍的な価値観を求めてデザインしているからでしょう。バートルズビルに軒並み建つ建物が、みんな物まねで、ライト氏のデザインこそ真のオリジナルであることを父も認めざるをえませんでした。

それから家に入ろうとすると、父は兄と私に、「おまえたちはここで待っていろ」と言いました。仕方なく三人の話し合いが終わるまで、外でぶらぶらしていました。

父は当初、故郷の小さな町に似合うよう、一階建てか二階建てのランチハウス・スタイル（牧場の建物風）の社屋にしたいと考えていました。オクラホマ州の経済は、たしかに石油によって一変しましたが、町の周囲には、昔と変わることのない、牛の群れが似合う大平原が広がっていましたから。ところが数時間たって出てくると、「一九階建てのビルにすると決まった」と言って満足している。私はびっくりしましたね。いったい、なかで何が話し合われたのだろうと思いましたよ。詳しく聞いてみると、父の計画を聞いたライト氏は、いきなり一四階建ての建物にしようと提案したそうです。建設予定地の写真なども用意してましたから、それがいちばん、その風景に似合うと思ったのでしょう。父も建物を高層にすることに、すぐ納得しました。そして景観との調和や、社屋として必要な機能などをつめていき、いっさい妥協することなく新しいものをつく

プライス・タワー19階のハロルド・プライス氏のオフィス内部。机・椅子・照明器具から窓を背に設置された暖炉まで、建築家ライト氏独特のデザイン感覚でまとめられている。

るには、一九階建てが必要という結論にいたったのです。ライト氏は父に、「このビルは周囲の森から一本の樹が抜け出して、町の真ん中に立つようなものです」と説明しました。設計図を見て、私はまさにそのとおりだと思いました。

山下　お父様は、ライト氏の印象を何か語られましたか。

プライス　いや、父はよけいなことはいっさい言わない人間でしたから。ただひとこと「気に入った」と言っただけです。そしてふたりのつきあいは、ライト氏がタリアセン・ウエストで亡くなったとき、遺体をＤＣ３でウィスコンシン州に運んで葬儀をとりおこなうまで、つまり一生涯続きました。

ニューヨークでの若冲との出会い

山下　プライス・タワーの完成は、何年ですか。

プライス　一九五三年の一〇月に建てはじめて、竣工は五六年の二月六日ですね。あ、二月六日は、エッコの誕生日でした（笑）。いずれにせよ、二月のことです。

山下　五三年というと、ジョーさんが初めて若冲の絵に出会われた年です。そのとき、ライト氏と一緒だったのは有名な話ですが、ニューヨークに行かれた目的は？

プライス　プライス・タワーの計画が決まって、私はエンジニアとして父とライト氏の仲介役になり、週給一〇〇ドルで働いていました。当時、ライト氏はニューヨーク五番街の[*24]グッゲンハイム美術館の仕事もしていたので、セントラル・パークに面した[*25]プラザ・ホテルに住んでいたのです。それで、たびたびニューヨークへ飛びました。

山下　ニューヨークへ行かれた目的は、それだけですか？

プライス　ああ（笑）。大学の卒業記念に、[*26]メルセデスの３００ＳＬを買おうとしてました。ガルウィングのスポーツカーです。地元にいいディーラーがなかったので、ニューヨークで探したんです。つまり立て前はライト氏との会合、本音はスポーツカー（笑）。

山下　そして若冲と遭遇《そうぐう》した。これはもう「伝説」になっている有名な話ですが。

プライス　ある日、たぶんメトロポリタン美術館か、ホイットニー美術館を訪ねた帰りだと思うんですけど、ライト氏をプラザ・ホテルまで送り届けようとしていたときです。当時のライト氏は八〇代半ば。帽子に黒いマント、赤い裏地のケープといういでたちでした。赤信号も無視して平気で道を渡り、「赤信号ですよ！」と注意しても、「いまとなっては、みんなが私を知って停まるべきだ」と言うような、気ままな方です。
　そんなライト氏が、マディソン街六五丁目の店に、すっと入っていくのです。私のことなどおかまいなし、というふうに。

山下　店の名は？　彼の行きつけのお店でしたか。

プライス　瀬尾商店（Seo Store）です。ライト氏が行きつけだったかどうかは、わかりません。大阪の古美術商・山中商会に勤めていた瀬尾さんという人が、独立して開いた店でした。私は、仕方なくライト氏について、店に入りました。

山下　ライト氏といえば、浮世絵のコレクターとして知られています。彼の目的は、やはり浮世絵でしたか？

プライス　そう、浮世絵版画を見ていましたね。私の知るかぎりでは、彼は肉筆画には興味がなく、版画ばかりを集めていました。

山下　そして、ジョーさんは？

＊24　グッゲンハイム美術館
アメリカ、ニューヨーク市にあり、近現代美術を扱う美術館。実業家ソロモン・グッゲンハイム（1861〜1949）のコレクションをもとにしている。建築家フランク・ロイド・ライトが設計を手がけ、「カタツムリの殻」にたとえられる螺旋状の外観をもつ。その内側では通路が緩やかなスロープをなし、来館者は最上部から通路の壁面に展示されている作品を鑑賞しながら徐々に下っていくことになる。

＊25　プラザ・ホテル
1907年10月、ニューヨークのもっともファッショナブルな一画、五番街のセントラル・パーク・サウスに面してできたホテル。プラザの名で親しまれ、世界でもっとも高級なホテルのひとつとして世界中の著名人に愛された。また、1959年のアルフレッド・ヒッチコック監督の『北北西に進路をとれ』で映画の舞台となり、その後もスクリーンにたびたび登場した。日本でも、バブル経済へ移行する引き金となったとされる「プラザ合意」の舞台として知られる。しかし、アメリカのホテルを代表するプラザも、2005年4月、ホテルとしての営業を休止。一部をコンドミニアムに改装して再出発することになった。

プライス　私はといえば、そうですね、最初の印象を正直に述べるなら、店の中に何があるのかすらよくわかりませんでした（笑）。学生時代のアジア旅行の際に、タイのバンコクなどで銀細工などは見てましたが、東洋美術の専門店に入るのは初めてのことでしたから。これが美術品なのか、ただの土産物のようなものなのかも判断がつきませんでした。もう五〇年以上も前のことなので、記憶も曖昧《あいまい》なんですが、掛軸が一〇本くらい壁に掛かっていたと思います。ほかに蒔絵《まきえ》や陶器、中国の織物なども扱っている店でした。

山下　若冲の『葡萄図《ぶどうず》』も、掛かっていた掛軸のひとつですか？

プライス　そうです。絵についての説明が店員からあったと思うのですが、覚えていません。ライト氏に説明を求めたりはしませんでした。漫然と見ているうちに、掛軸の一つに目がとまり、そうなると気になって仕方なかった。それが若冲の『葡萄図』だったわけですが、そのときは、絵師の名前も、『葡萄図』という作品名も頭に入っていませんでしたね。絵そのものに惹《ひ》かれたのです。どういうものなのかわからないままに、ただ欲しくてたまらなくなったのです。それでライト氏をホテルまで送ったあと、すぐに店まで引き返しました。その間にも、あの絵が買われたらどうしよう、と気が気でならなかった。

山下　どうして、そこまで惹《ひ》かれたのでしょう。

プライス　そのときは、理由がわかりませんでした。いま考えると、ライト氏がつねづね語っていた、「自然との調和」に影響されていたんだと思います。ゴフ氏にも影響を与えた、オーガニック建築の考え方ですね。彼は、「神＝God が大文字で始まるように、私は自然＝Nature も大文字で始める」と言っていました。そして野原の花を摘んだり、亀の甲羅を手にしたりしながら、その構造がいかに理にかなっているかを私に説明しました。自分の建築も、自然の構造を完全に把握してから、それ以上の世界を構築しようとしているのだと言い、プライス・タワーもまた「一本の茎に咲く花のような構造だ」と教えてくれました。もっとも、それはいまだから言えることで、そのときは、ただ絵に惹かれただけです。

山下　率直に伺いますが、おいくらでしたか。

プライス それもまた、よく覚えていないんです。たしか一点六〇〇ドルくらいしたと思います。その日にすぐ買ったかどうかも定かではありません。瀬尾さんに予約だけを入れて、あとから購入したのかもしれない。

山下 そのときに買った絵は一点だけですか。

プライス そうですね。その後、一九五〇年代の終わりくらいまでに、瀬尾さんからは都合五点購入しました。主だったものとしては、狩野元信《かのうもとのぶ》『老松小禽図《ろうしょうしょうきんず》・蝦蟇鉄拐図屏風《がまてつかいずびょうぶ》』、鈴木其一《すずききいつ》『群舞図』、そして「通女《つうじょ》」という女性浮世絵師の『見返り美人図』。これらはいまも、コレクションのなかでは気に入っているものです。ほかに明治時代の日本画家、木村武山《きむらぶざん》の作品もありました。同時に蒔絵の香炉《こうろ》や文箱《ふばこ》なども買っていました。

もっとも、六〇年代に入るまでは、自分が絵を買っているという意識はなかったんです。つまり英語でペインティングといえば、四角いカンヴァスに描かれているものだと思っていましたから、くるくると巻ける掛軸のようなものが絵画だとは思えなかった。ただ自分にとっておもしろいものという意識だけで買っていました。何も知らない私をだますことなく、良品ばかりを売ってくれた瀬尾さんは、いい人でしたね。そのころは、もう五〇歳くらいになっていたでしょうか。彼の店からコレクションを始められたのは、ほんとうに幸運だった。

山下　五〇年代に購入されたのは、瀬尾さんからだけですか。

プライス　結局は、そうなりましたね。ほかの店にもおもしろいものはないかと探したりもしたんですが、いいものは見つからなかった。たとえば、サンフランシスコにある老舗《しにせ》ギフトショップのガンプス（Gump's）などにも行きましたが、めぼしいものはありませんでした。アジアのちょっとした工芸品を扱う店はあるのですが、日本の古美術となると、アメリカで扱っている画商は、瀬尾さんのところだけ、といっていい状況でした。

山下　当時、アメリカで日本美術について話す相手はいました？

プライス　まったくいませんでした。誰とも趣味を分かち合うことなく購入を続けていたんです。六〇年代初めには、さらにコレクションが増え、三〇点ほどになりました。

建築家ブルース・ゴフ氏と彼の飼い猫。建築家ライト氏をハロルド・プライス氏に紹介したゴフ氏は、1956年から63年まで、プライス・タワーの9階と10階に居を構えていた。58年にプライス氏はゴフ氏の設計でオクラホマに自宅を建てた。当然自分が設計を手がけると思っていたライト氏は、完成したプライス氏の建物について「ああいう建築をつくるものではない」という手紙をゴフ氏に送り、その手紙はいまもシカゴ・アートインスティテュートに残されている。

すでに五〇〇〇ドルくらいは日本美術の購入にあてていましたね。たしかそのころのことだったと記憶しますが、カンザス大学の中国美術の先生が、私の絵を見に来られました。高校時代の友人が、「私の知り合いがオクラホマにいるんだけど、中国の絵みたいなものを集めている」と教えたのが、きっかけでした。その人は漢字も読めて、ざっとコレクションを見たあとに、私に聞くんですよ。「どうして、日本美術ばかり集めているんですか?」。ショックでしたね。日本美術を集めているとは知りませんでしたから。日本がどこにあるのかもよくわからないのに（笑）。

しかも「全部同じ時代ですよ」と言う。それが江戸時代でした。「江戸ってなんだろう?」と、私は不思議でなりませんでした。そのときは、若冲のほか、蕭白《しょうはく》、蘆雪《ろせつ》、狙《そ》仙《せん》、抱一《ほういつ》、其一《きいつ》などを見せたと思います。もちろん購入時に瀬尾さんは、ひとつひとつの絵の来歴を説明してくれていたとは思うんですが、私のほうがまったく認識していなかったんですよね。

山下　ブルース・ゴフ氏が、若冲の画集を持っていたはずですよね。大正時代に日本で若冲の展覧会が開かれたときの図録『御物若冲動植綵絵精影』[*27] を見せてもらったと、以前、ジョーさんから伺いましたが。

プライス　カンザス大学の先生に見てもらったあと、ゴフ氏に私が集めた作品をいくつか見せました。彼は、プライス・タワー完成後に、その上層部に越してきて事務所を構えていたんです。一九五六年から六三年まで、タワーの九階と一〇階が、彼の住まい兼オフィスでした。そのとき、彼は初めて日本美術について語り出し、大正時代の図録を見せながら、若冲というすばらしい絵師がいることを私に教えてくれたのです。ほとんどモノクロの図版（六点のみカラー）でしたが、『動植綵絵』のすばらしさは、十分に伝わってきましたね。この若冲という人は、なんてすごい絵を描くんだろうと、初めてその名を意識しました。それで、つぎに瀬尾さんの店に行ったときに、「若冲の絵が欲しいんだけど、ありますか？」と聞いたんです。若冲があったら、絶対に買ってやろうと意気込んで。すると彼はこう答えるんです。「あなたは、もうすでに持っていますよ」

耳を疑いましたね。ぽかんとしている私に瀬尾さんは、丁寧に説明してくれました。ずいぶん人の話を聞かないアメリカ人だと思われたかもしれませんね。買ってから五年もたってから、『葡萄図』の作者が若冲だということを理解したんですから。

山下　絵はどこに置いていましたか。

プライス　五八年にゴフ氏の設計でオクラホマに自宅を建てまして、それからは、その家の室内に飾っていました。バー付きのベッドルームと小さなキッチンがあるだけの小さな家で、われわれはそれを「独身者の家（バチェラー・ハウス）」と呼んでいました。絵は必ずしも壁に掛けていたわけではなく、たとえば元信の『老松小禽図・蝦蟇鉄拐図屏風』は、天井から部屋の真ん中に垂れ幕のようにつっていました。

山下　ライト氏とゴフ氏は親友であったといいますが、ふたりの個性はかなり違うものでしたか。

＊26　メルセデス300ＳＬ
ドイツの自動車メーカー、ダイムラー・ベンツ社が発売した伝説に残るスポーツカー。1952年に活躍したレース専用車をベースに開発が進み、54年に市販が始まる。跳ね上げ式ドアで、ドアを開けたとき正面から見ると、カモメ（gull）が翼を広げたように見えるところから「ガルウィング」と呼ばれるようになった。車好きの垂涎の的であり、日本でも当時人気絶頂の俳優・石原裕次郎が所有していたことで知られる。

＊27　『御物若冲動植綵絵精影』（ごもつじゃくちゅうどうしょくさいえせいえい）
大正15年（1926）10月、東京帝室博物館で『動植綵絵』30幅が並んだ展覧会の図録。和綴じで帙箱に収まった豪華仕様。解説を担当した美術史家・秋山光夫氏は、「御物若冲筆動植綵絵三十幅に就て」と題する論考のはじめでつぎのように語っている。

「伊藤若冲筆動植綵絵三十幅は筆者が畢生の精魂を盡した、愜心合度の大作であつて、正に御府至寶の一であると共に、我國絵画史上の精華である。然るに、その中の若干は従来屢々公に展覧されたこともあるが、全部を一堂の裡に鑑賞し得る機会は未だなかつたのである。今年十月、特に東京帝室博物館に貸下げられ、始めて三十幅揃つて世に示されることになつた」

そして、つぎに30幅を一堂に見られるのは2007年、相国寺承天閣美術館での「若冲展」まで待たなければならなかった。

プライス　ライト氏からは自然への敬意を学びました。ただ、彼の敬意が絵画に向けられることはなかったと思います。彼にとって、自分の設計する建物が美術品であり、施主が特別な注文をしないかぎり、その中に絵を掛ける場所はありません。ゴフ氏は、もっと住む人と自然との融合を図っている感じでした。私が心ひそかに欲しているものを引き出しながら、それを設計に反映させる。ですから、私の絵にとって最高の環境も用意されるのです。ゴフ氏は、何かを設計するときはいつも、この世で初めてのものを建てるかのように取り組んでいましたよ。家を建てる場所、家を建てる人の気持ちが、そのつど違っていたからでしょう。彼の力を借りて、私の理想が少しずつ具体的な形をなしていくのは、このうえない喜びでした。

山下　そのころから自然光で鑑賞してたんですか。

プライス　ええ。誰に教わったわけでもないのですが、日本の絵は、どれも自然光で見るのがいちばんだと思っていましたから。ゴフ氏も、私の話をよく聞いてくれますから、いろいろな工夫を考えてくれましたよ。たとえば、天井一面には鵞鳥《がちょう》の羽を貼っていたんです。そうすると外から入ってきた自然光が、影をつくらずに美しい白色となって室内を照らすんですね。そのなかで見る元信の屏風は美しいですよ。

ビジネスの世界を離れ日本へ

山下　さて一九六三年に、いよいよ日本へいらっしゃるわけですが、それはどのような事情で?

プライス　たまたまです(笑)。いや、それまでのことを少し話さなければいけませんね。五六年二月にタワーが竣工した直後、たしか三月か四月だったと思いますけど、ハワイのハレクラニ・ホテルがホノルルからタヒチへ飛行機で行く旅行を企画しました。私は、すぐにその旅行に参加しようと決めたんです。父とライト氏のはざまにいて、いささか疲れてしまったので。ふたりともとても強烈な個性の持ち主でしたから、その調整役をやるうちに、まるでピンポン球のように打ちのめされた気分になったのです。そのときに立ち寄ったタヒチは、私の心を癒《いや》してくれました。すぐに気に入りました。

それから、六〇年までは会社の仕事の一部を任されていたので、なかなか自由な時間はとれませんでしたね。兄が父を継いで本社で経営の腕をふるい、エンジニアである私

プライス氏が30歳のときに購入した帆船「ワンダラー号」。1893年製で、全長40メートルあまり。"放浪者"とみずから名付けた24人乗りのこの船で、世界の海へ船出した。

は責任者として現場に行くというかたちです。

メリーランドやモンタナにあるミサイル基地とワシントンDCを結ぶケーブルを敷設し、それからレバノンのベイルートを拠点にイランやイラクなどに行って、パイプラインを引きました。

山下　けっこうビジネスマンしてたんですね（笑）。

プライス　そうありたいと思っていました（笑）。ところが、仕事で行ったインドで病気にかかって、死にかけた。私は現地のものはなんでも気にせずに食べるので、何かにあたったんでしょうね。ひどい黄疸《おうだん》にかかり、ニューヨークに担ぎ込まれたときは、意識がなくなっていたほどです。オクラホマの病院に転送されて初めて目を覚ましたのですが、思わず「ここは、どこだ？」とつぶやいていました。黄疸の原因は、たぶん肝炎なんでしょうが、はっきりしません。じつは予防接種も打ってなかったんですよ。

それで仕事が、すっかり嫌になってしまいましてね。六〇年に、「ワンダラー（放浪者）号」という船に乗って、タヒチへと旅立ちました。父にはただ「ポリネシアに行きます」とだけ告げて。このとき、「このことを告げるまでに、なぜこんなに時間がかかったのだ」

と父から言われ、以前から私の心のうちを理解してくれていたことを知り、内心ほっとしました。

船は、その前年に購入したもので、一八九三年製。二本マストで帆走する、スクーナーと呼ばれる、ふた昔も前のタイプです。まずは太平洋のほぼ真ん中に位置するマルケサス諸島[*28]へと行きました。いまもそうですが、この島々は太平洋の真ん中にあって、船乗りの中継地点になっているのです。マルケサス諸島では、地元の祭りを見るために、一日かけて島の反対側まで歩いて行ったりしましたね。ポリネシア式の小屋に泊まって翌朝起きると、家の中なのに星が見える。もう朝なのにおかしいな、と思ったら、草葺《くさぶき》の屋根の間から日の光が漏れているんです。あとで同じような体験を、『白鯨』の作者であるハーマン・メルヴィル[*29]もしていることを知りました。彼の『タイピー』という小説は、マルケサス諸島での体験に基づいています。

まあ、そんなふうにランギロア環礁やトゥアモトゥ諸島などをめぐりながら、タヒチまで行きました。船の名前のとおり、私は大海原の放浪者だったんです。六二年に父が亡くなり、もちろんそのときは故郷に帰ったのですが、すぐにタヒチまで引き返しました。ビジネスの世界に引き戻されたくはありませんでしたから。

タヒチで楽しい時を過ごすプライス氏（中央の男性）。

若沖との出会いから10年、まだ海に魅入られていたプライス氏。

山下　タヒチの自然に、すっかり魅せられていたのですね。

プライス　ポリネシアの島々では競争もなく、肩にのしかかる期待もありません。私はただ、ありのままの自然を享受すればよかったんです。でも日本美術から、まるっきり遠のいたわけではありませんよ。タヒチに到着した当初は、熱帯の自然は、ライト氏が説いた自然や、日本の絵画に描かれているものとは、まるで別物だと思っていました。しかしそのうち、不思議なことに、熱帯の自然も、日本の絵師が描く自然も、じつはまるで同じものではないか、と思えてきました。江戸時代の絵画は、ひじょうに人工的なようで、じつはありのままの自然を写しているように感じはじめたのです。これは、とても興味深いことでしたね。

山下　それで日本に行こうと思われたのですか。

プライス　いや、もっと実際的な理由でした。六二年、あるいはもう六三年になっていたかもしれませんが、タヒチでビザが切れてしまったんです。ところがタヒチを管轄するフランス領ポリネシアの政府は、有効なビザがないと、船の出航も許さないという。

それでビザを更新するために、日本に行くことにしました。

山下　日本に行けば、絵を買えるという意識はありましたか？

プライス　日本をこの目で見たいとは思っていたけど、美術品を買おうとは考えていませんでした。とにかくアメリカに帰国してパイプラインの世界に戻るのだけは避けたい、その一心でした。それでハワイを経由して、飛行機で羽田に降り立ったというわけです。

＊28　マルケサス諸島
タヒチの北東約1500㎞の赤道に近い海域に位置する諸島。ヌク・ヒバ島、ヒバ・オア島など、14の火山島からなる。先住民はポリネシア系で、人類が住みはじめた時期はタヒチやハワイより古いことが、近年の研究で判明した。1595年にスペイン人が来航し、1842年にフランス領となる。古くは捕鯨基地、現在はヨットの寄港地となり、海の男たちには「太平洋の中継地点」として親しまれる。また食人の習慣が、20世紀初頭まで残されていた。画家ゴーガンは、タヒチののち、ヒバ・オア島に移り住み、ここで終焉を迎えた。同島には、彼の墓も残る。1930年代には、『コンティキ号探検記』で知られるノルウェーの人類学者トール・ヘイエルダールが、古代ポリネシア文明研究のため、マルケサス諸島で原始的な生活を送った。フランス語での名称に即し、マルキーズ諸島とも呼ぶ。

＊29　ハーマン・メルヴィル
1819〜91。アメリカの小説家。1841年捕鯨船に乗り込み、南太平洋マルケサス諸島で現地民と一時生活をする。現地の人々に残る原始的で無垢な様子が処女作『タイピー』に生かされる。その後、タヒチの島々を放浪するが、このあたりのタヒチでのいきさつが、プライス氏のタヒチ行きと重なる。代表作は『白鯨』で、片脚を失った船長エイハブが巨大鯨モービィ・ディックに復讐を挑む壮大な物語。

山下　ひとりで来られたんですね。

プライス　来たときはひとりでしたが、すぐにサンフランシスコから来ているふたりのアメリカ人青年と知り合いました。東京で船舶関連の弁護士をしていたマイケル・ブラウンという人物から紹介されたのです。私も若かったですから、三人は意気投合し、瀬戸内海を通って九州の別府まで行きました。別府で乗ったタクシーの運転手が、京都にいる兄弟と長らく会っていないと言うから、「じゃあ、ガソリン代は出すから一緒に行こう」と誘い、山陰まわりで京都までタクシーで行きました。

山下　え、タクシーで……。すごい旅ですねえ。そのころぼくは、広島の田舎町から一歩も出たことがない少年だったんですよ（笑）。

プライス　中国地方で見た水田がとても美しかったのを覚えています。それと、どんなに敷地が狭い家でも必ず庭があって、花や緑にあふれていたことが印象的でした。日本人が自然の美しさを大切にしていることに感銘を受け、いっぺんに日本が好きになりました。

第二章

エツコさんとの出会い

山下　そしてタクシーで京都まで来て、いよいよ運命の人と出会います。

プライス　さて……（笑）。

山下　奥様のエツコさんと出会われたのが、そのときと伺ってますが。

プライス　よくご存じで（笑）。ええ、たしかに、このときでした。都合三か月ほどの日本滞在の最後のほうでしたが、京都でふたりの青年と別れ、ひとりで寺や美術館を見ようと思ったんです。そこで案内をしてくれる人がいたらいいなと思いましてね。英語の話せる日本人ガイドを探していたところ……。

山下　エツコさんが来られた。

プライス　そういうわけです。

山下　会ったときの第一印象は？

プライス　そうですね……どうもこういう話題は苦手なんですが、ひじょうに印象深い出会いだったことは確かです。彼女には、私が宿泊していた旅館まで来てもらいました。京都市役所近くの吉川旅館です。玄関で挨拶をすませて、路地から御池通《おいけどおり》へと出ていったのですが、横断歩道を渡ろうとしたときに、いきなりこう言われましたよ。「ドント・タッチ・マイ・ボディ（私の体にさわらないで！）」

山下　それはまた、どうして？

プライス　どうやらアメリカの流儀がよくなかったようです。詳しくはエッコに聞いてください。

エツコさんの話

「吉川旅館を出て、最初の交差点でいきなりジョーが、私の腕にさわってきたんですよ。いまでは、アメリカ人らしい、気さくな親愛の情とわかるんですけど、当時は、私も若かったし、まわりの人もじろじろ見るから、もう嫌で嫌で仕方なかった。それで『私の体にさわらないで。後ろをついてきてください』とお願いしたんです。

そのころの私は、家庭教師について中国の古典文学や英語、音楽などを習っていました。一八歳のとき、大学に通うために故郷の鳥取を出たんですけど、体の具合がよくなくて、学校をやめざるをえなかった。でもまだ実家には帰りたくないから、京都で勉強を続けていました。そんな折、ホテルに勤めている友人から、『変なガイジンがいるから、お寺を案内してほしい』と頼まれたというわけです。

ジョーは、黒のズボンに、半袖のイタリア製のシャツという格好でした。はっきり覚えていませんが、暖かい季節だったのでしょうね。たぶん夏の初めごろ。

最初に変わった名刺を渡されました。『タヒチ・ジョー　砂浜の子、金なし、宿なし、仕事なし』と書いてあった。

お金持ちの息子だなんて知らないから、『まあ、たいへんな人の案内を引き受けてしまった』と思いましたよ。タクシーを降りるときには、ちゃんと車代を払っているから大丈夫かな、とは思ったけど、つぎの日は念のために、銀行で預金を下ろしてから会いに行きました（笑）。

案内したのは、一週間くらいだったでしょうか。智積院《ちしゃくいん》、妙心寺《みょうしんじ》、三十三間堂《さんじゅうさんげんどう》とか、あと桂離宮《かつらりきゅう》や京都国立博物館にも行きました。当時はまだ、どのお寺も、国宝や重要文化財級の本物の襖を入れていましたね。ジョーはどこに行っても、じっと絵を見ていて、ほんとうに好きなんだな、と思いました」

山下　六三年の京都滞在中に買われた美術品はありますか。

プライス　土佐派[*30]の『源氏物語図屏風』や喜多川相説[*31]の『芥子薊蓮華草図《けしあざみれんげそうず》』など、二五点買いました。若冲は彼のごく初期の水墨画といわれる三幅対の『鯰《なまず》・双鶏図《そうけいず》』など三点。喜多川菊麿[*32]の浮世絵『二美人図』も、このときですね。菊麿は歌麿の弟子ですが、師匠ほど有名ではないので、すばらしい作品があるのを忘れられていたようです。たいへん美しい絵だと感心しました。

山下　それぞれの絵を購入された店は、覚えてますか？

プライス　喜多川相説『芥子薊蓮華草図』は山中商会で買いました。そのほかは、いまは京都で立派な古美術商を構えていらっしゃる柳孝さんに、直接、所蔵家のもとに案内されることが多かったですね。そのころ彼はまだ若く、ほかの店で働かれていました。たとえば土佐派の『源氏物語図屏風』は、大阪で毛織物業を営んでいらっしゃった細見《ほそみ》良《りょう》さんの旧蔵品です。細見さんのコレクションは、その後、細見美術館[*33]で公開されるようになりましたね。すばらしい鑑識眼の持ち主で、細見さんの所蔵品を譲り受けることができたのは、たいへんな幸運だったと思います。

山下　細見さんとジョーさんに、そんなに早い時期からつながりがあったとは、知りませんでした。

プライス　ただ細見さんから譲っていただけるはずだったのに、結局は手に入らなかったものもあります。酒井抱一の『月に秋草図屏風』です。金地に描かれた秋草の繊細な描写や、中央の大きな月など、どこをとっても斬新《ざんしん》で、ひと目見て気に入ったのですが、結局は、アメリカに持っていくことはできませんでした。いまは、ペンタックス株式会社（旧・旭光学工業）の所蔵ですね。

山下　え……あの作品は、ジョーさんが買われるご予定だったんですか。いまは、重要文化財に指定されていますよ。どういう事情があったんでしょうか。

プライス　土佐派の『源氏物語図屛風』と同時に購入しようとしたんです。土佐派の屛風は比較的安いから、その場で買えたんですけど、抱一の絵は高いので現金決済ができなかった。そこで小切手で支払うことにしました。受取人を細見さんにしていれば問題なかったのですが、金融に詳しい方が代理人として間に入りました。京都に住んでいた、ある日本画家の息子です。その人は貿易商を営んでいて、民芸の陶芸作品などを海外に

＊30　土佐派
日本に特有の“やまと絵”の伝統を受け継ぎ、室町時代以降、日本の絵画史に独自の地位を築いた絵師の一派。宮廷の絵所預を代々つとめ、王朝文学や日本の風景などを題材に優雅で繊細な画を描いた。代表的な画家に、室町期に活躍した土佐光信、光茂、17世紀半ばの江戸期に土佐派を復興した土佐光起らがいる。

＊31　喜多川相説（きたがわ・そうせつ）
生没年未詳。琳派の創始者・俵屋宗達の画風を継ぎ、「伊年」印を用いた草花図の屛風などが多く伝わっている。作品に『四季草花図押絵貼屛風』（東京国立博物館）などがある。

＊32　喜多川菊麿（きたがわ・きくまろ）
江戸後期に活躍した浮世絵師。江戸に生まれる。喜多川歌麿門下の高弟で、寛政～文化年間（1789～1818）に美人画などで活躍した。

＊33　細見美術館
1998年、京都・岡崎の平安神宮のほど近くにできた美術館。実業家・細見良（1901～79）に始まる細見家3代のコレクションを展示し、独自の鑑識眼で集められた収蔵美術品の数は1000点を超え、重要文化財も30数点含まれる。古代から近代にいたる日本の美術工芸のほとんどすべての分野を網羅しているが、なかでも琳派は粒ぞろいの優品がそろっている。著名な建築家の手になるモダンな建物は周囲の景観になじみ、心地よい空間となっている。

送る仕事もされていたんですね。ところが、その人が、お金を私用に使ってしまった。

山下　そんなことがあったんですか……。

プライス　私のほうは、そんなことになっているとはつゆ知らず、翌年もう一度いそいそと日本に来ました。さあ今度こそ、抱一の絵を持って帰れるぞ、と意気込んで。しかし、お金を受け取っていない細見さんが、絵を渡してくれるはずがありません。それどころか、どの美術商に行っても、門前払いされるんです。こちらは事情を知りませんから、途方に暮れましたね。前年親切にしてくれた方々が、急に素っ気なくなる。何か間違いがあったんだろうとは思いますが、それがわからない。あとから知ったのですが、陰では「不良外人」と呼ばれていたようです。小切手を持ち逃げされたとわかったのは、しばらくたってからでした。それまで私は、約束を守らない、いい加減な男と思われていたのです。持ち逃げした人は、あることないことしゃべりますから、誤解に誤解が重なったようです。

エツコさんの話

「小切手を持ち逃げされたことがわかってから、たしか六六年以降だったと思いますけど、その日本画家の息子という人に直談判《じか》しに行きました。会いに行ったのは、私ひとりです。でも彼が経営していた会社は倒産寸前だし、お金はとっくに使い込んでいるから、一文も残っていない。責任をとる気がまったくない人で、『父のところに行って、絵をもらってくれ』と言うばかり。仕方がないから、お父様の日本画家に会いに行ったんです。京都花園の妙心寺の庵に隠れるように住んでおられましてね、私が話している間にも、借金取りがひっきりなしに来る。息子さんの借金を全部肩代わりさせられていたんです。その方は『これで勘弁してくれ』と、ご自分で描いた梅と鶯の小さな絵を差し出した。気の毒で見ていられないですよ。それなら結構です、と言って、もうやめにしたんです」

山下　いま話にもありましたが、六四年に、また日本に来られましたね。

プライス　東京オリンピックを見るためです。母と兄嫁も一緒で、ほかに同郷のフィリップス66の社長夫妻なども交えた大所帯でした。わが家は大のオリンピック好きだったんです。もともと父がオリンピックの魅力にはまりましてね、五二年のヘルシンキ大会から始まって、メルボルン、ローマと家族そろって出かけています。東京大会のときは、父が亡くなった直後でしたから、恒例の家族行事を続けるかどうか迷いました。でも、アメリカにいても兄にパイプライン建設の仕事を手伝わされるだけだし、それなら日本に行ったほうがいい、と判断したんです。

山下 理由は、それだけですか？ 通訳の方に、また会いたいとか（笑）。

プライス たしかに通訳はまたエッコにお願いしましたが（笑）。京都から東京のホテルまで、来てもらいました。

山下 オリンピックでご覧になった競技は？

プライス 見られるものは全部。陸上も水泳も球技も柔道も。マラソンのゴールは、競技場で観戦しました。エチオピアのアベベ選手が二連覇を成し遂げた姿も、この目で見ています。

山下　お金を持ち逃げされた事情があるから、美術品は買えませんでしたよね。

プライス　それでも、たしか若冲の『伏見人形図』のうちの一枚は、六四年に購入しています。私の悪名が、まだ届いていない店もあったようです（笑）。

山下　トラブルもありましたが、全体としては六四年の日本滞在でも充実した日々を過ごされたようですね。

プライス　大いに楽しみましたね。ただ、オリンピックも終わりに近づいたころ、ある電報がホテルに届きまして……。それが、私の運命を大きく左右するのです。

山下　どういった内容でしょうか。

プライス　私の船「ワンダラー号」に関するものです。この船は前にも話したとおり、一八九三年につくられた、たいへん古い帆船で、保険にもずいぶんとお金がかかりました。一九六〇年代の初めのことでしたか、ある航海の途中、サモア島で嵐に巻き込まれ、マストが折れてしまいました。そのときには、保険会社から「もう直せない」と通告を受けた。修理費用がかかるうえに、たとえ直しても、すぐにまたどこかが壊れると思われたわけです。でも、私は愛着があったから、なんとか直して航海できるようにした。ところが六四年、タヒチからサンフランシスコに向かう途中、太平洋の真ん中のランギロア環礁で座礁してしまった。そこは珊瑚礁が発達していて浅瀬ばかりが続いていますから、たしかに船の操舵は難しい場所です。新しく雇った船長が、古い船に慣れていなくて、つい勢い込んで珊瑚礁に乗り上げてしまった。その拍子に、船の背骨ともいうべき、竜骨の部分が壊れてしまったんです。修理にかかる金額を計算したら、三万六〇〇〇ドルもかかるという。もう廃船にするしかありませんでした。

山下　電報は、その知らせだったんですね。

プライス　はい。私は思わず涙を流してしまったようです。それを見ていたエッコが、こう言ってくれたんです。「ジョーさん、泣かないで。これからは、私が船のかわりになっ

1964年タヒチのランギロア島近海で座礁したワンダラー号。その報をちょうど東京オリンピック観戦に来ていた日本で知ることになるプライス氏。かたわらにいたエツコさんがそのとき発したひとことが、海の男プライス氏を本格的に江戸時代美術コレクターへと邁進させるきっかけとなる。

てあげますから」と。

山下　いい話ですねえ……（笑）。それが、ご結婚へといたる、きっかけですか。

プライス　ええ……そうなりますね。そのあたりは、エツコのほうが、よく覚えていると思います。そのときの私は、恥ずかしながら取り乱していましたから。ただ、その前から、彼女と一緒に旅に出たら楽しいだろう、と思って誘ってはいましたよ。結局自分の船をなくして、思い描いたとおりにはなりませんでしたが、六五年にまた日本に来て、はっきりと「一緒にオクラホマに来てほしい」と申し出ました。船を失った私に残されているものは、もうエツコと江戸時代絵画しかなかったのです。

エツコさんの話

「オリンピックのころにはもう、船で世界一周に来ないかと誘われていたのは確かです。私は、髪を切るくらいの手伝いはできるだろうから、と思って、『いいですよ』と気軽に返事したんです。ところが船の座礁で、それがかなわなくなりましたでしょ。ジョーの落胆ぶりは、たいへんなものだったんですよ。それで、『私が船のかわりになってあげますから』って言ったんです。嘘をつくと、日本人の女性は嘘つきだとなってしまうので、もう逃れられなくなりました（笑）。

六五年のジョーの来日時にあらためて『タヒチに行こう』と誘われて、ついていきました。日本を出たのは、五月。香港、東南アジア、オーストラリア、タヒチなどをずうっとまわって、オクラホマまで行きました。船はもうなかったので、飛行機の旅です。

ジョーの母親は、「日本の女性を連れて来て、よかった」と歓迎してくれましたね。ただ、地元の方のなかには、プライス家に日本人の嫁が入ることを快く思っていない人も、少なくありませんでした。でも、そんな声からも、ジョーの母親をはじめ、家族みんなで守ってくれました。

私の両親には、六五年の春には、『アメリカに行くかもしれない』と伝えていました。ジョーも私の家族と会っていました。ただ、実際に結婚となると、家族も親族もみんな反対。ただ父だけが、私の味方でした。

結婚したのは、六六年の春です。東京のアメリカ領事館で宣誓するだけの、簡素なものです。日本でも、アメリカでも、反対する人がいましたから、盛

結婚を決め、プライス氏と向かったタヒチで、現地の衣装をまとったエツコさん。

新婚当時、ふたりで訪れた別府での一枚。日本の自然を満喫している様子が笑顔に見て取れる。

大な式は挙げていません。私の故郷で祝宴を挙げたのは、ずっとあとになります。

当時は、日本の女性がアメリカ人を連れてくるなんて、誰も考えられない時代でした。旅館に『ミスター&ミセス・プライス』で予約を入れたときも、私の姿を見たとたんに、宿泊を断わられたりしました。そんな時代だったんです」

山下　ご結婚後は、アメリカと日本を行き来しながらの生活ですか。

プライス　基本はオクラホマの自宅に住み、春と秋に日本に来るというかたちでした。

山下　エツコさんは、アメリカの暮らしにすぐ慣れたんですか?

プライス　そう思いますね。……いや、ほんとのことを言いますと、私は、そのあたりの事情には疎いのです。エツコも、私に心配させてはいけないと思ったのか、あまり愚《ぐ》痴《ち》も言いませんでしたから。これも、彼女に直接聞いてもらったほうがいいかもしれません。

エッコさんの話

「オクラホマはともかく広々として、日本とはまるで環境が違いますから、見るもの聞くもののすべてが新鮮でした。いまでこそ常緑樹も植えられていますが、もともとオクラホマは木のない草原地帯なので、冬になると町に色がなくなるんです。何もかも灰色になる感じです。内陸部で冬はかなり寒くなり、雪も降ります。ジョーはこういうところに生まれたから、四季折々の風情を描いた、色彩の豊かな日本美術に憧れるんじゃないかな、と思ったくらいです。

六〇～七〇年代のアメリカには人種差別も色濃く残っていて、ジョーが留守のときに『あんたは、お手伝いさんか？』と嫌みの電話がかかってくることもありました。そんなときに守ってくれたのは、ジョーの母親と兄です。

あるとき、私が池で飼っていた鯉が全部、ほかの家の犬に殺されたことがありました。そんなとき、ジョーの母親は「エッコ、来なさい！」と、大きなリンカーン・コンチネンタルに私を乗せて、犬の飼い主を探しに行ってくれたんです。田舎の家を一軒一軒まわって、犬を飼っていないか尋ねる。半日くらいたってからでしょうか、悪さをしたダルメシアンを見つけました。母は飼い主に向かって、『私は、プライス夫人よ。あなたの犬が嫁の鯉を殺したの』と言いました。農家の人は、いきなりプライス夫人が現われて、びっくりですよね。あのへんじゃ、誰も知らない人がいませんから。『はあ？鯉を殺した？』とびっくりしていると、母は『飼い犬は、ちゃんと庭に入れておきなさい』と告げました。犬が憎いんじゃなくって、私を守るということを、行動で示してくれたんです。

一九七五年頃、テキサスのダラスにテニスの試合を見に行ったときも、手ひどい人種差別にあいました。子どものものを買おうかと、ある店に入ると、店員に『あっちに行け』と言われるんです。そちらにはいいものがないから、もとの場所に戻ったら、また言われた。『わからないのか？　お前はカラード（有色人種）だから、あっちで買い物をするんだ』。白人と有色人種とで売り場が、はっきりと分かれていたんですね。店を出るときだって、『あっちからだ』と違う出入り口を指さされました。

このとき抗議してくれたのは、ジョーの兄です。彼は人権問題の解決に力を尽くしていた人で、オクラホマでもいつも黒人を守っていました。テキサスでの体験を話すと、さっそくダラスの商工会議所へ正式に抗議したのです。会議所の会長は、ニーマン・マーカスさんでした。近ごろは、日本でも知られているチェーンストア「ニーマン・マーカス」社の社長です。すぐにマーカス氏から謝罪の手紙が私宛に届きました。

でも、そんなとき、ジョーはいつも無関心なんですよね（笑）。彼の頭には、初めから『人種差別』という概念がないから、気がつかないんですね。純粋すぎるほど純粋な人なんです」

第三章

江戸時代絵画コレクションを本格的に開始

山下　ご結婚後も、コレクションを順調に増やされたようですが。

プライス　エツコという協力者を得たことで、日本で動きやすくなったのは、大きいですね。[*34] 東京国立博物館で琳派《りんぱ》展が開かれた一九七二年までは、市場にいいものがけっこう流通していました。江戸時代の絵画に興味をもつ人間が、私以外にはほとんどいないと言っていい状況でしたので、かなり自由に探せました。琳派展以降は、名のある大家の作品は出まわらなくなりました。それでも八〇年代前半までは、落款《らっかん》印章がなければ、いい絵が買えたんですよ。

山下　かつては、東京の神田駿河台《するがだい》で古美術商を営んでいた荻原安之助《おぎわらやすのすけ》さんから絵を買われる機会が多かったらしいですね。

プライス　はい。京都の古美術商「石泉」の先代当主でいらした水谷石之佑さんが、「東京にすごい人がいるから」と連れて行ってくれました。水谷さんと会ったのが六四年、荻原さんのところへ行ったのが六五年です。

山下　そこで若冲をご覧になってますよね。

プライス　大作の『紫陽花双鶏図《あじさいそうけいず》』と『雪芦鴛鴦図《せつろえんおうず》』、この二点がありました。ともに目を見張るばかりのすばらしい作品ですよね。実物を初めて見たときは、心が震えるような気持ちになりました。それで『紫陽花双鶏図』は即座に購入したのですが、『雪芦鴛鴦図』は……一度は買うのを見送りました。

山下　その理由は？

＊34　東京国立博物館での琳派展
1972年10月、東京国立博物館創立100周年を記念して開かれた特別展。俵屋宗達の『風神雷神図屏風』、尾形光琳の『紅白梅図屏風』をはじめ、本阿弥光悦・尾形乾山・酒井抱一らの代表作がことごとく並び、出品数300点を数えた。重要な作品が一堂に会し、琳派とは何かということを広く知らしめると同時に、世代を経ながら受け継がれていく琳派的なるものの展開を明らかにした展覧会。「琳派」という呼称もこの展覧会を契機として、広く一般に定着した。

プライス　値段です。『紫陽花双鶏図』が当時二〇〇万円ほどしましたので、三六歳の私には、それで精一杯でした。父が興した会社が成功したことで、たしかに私の資産は人より恵まれていたかもしれませんが、年ごとに受け取る金額には限りがあります。それに、その年はすでに京都でも、酒井抱一の『月に秋草図』など、いくつかの値が張る作品を買っていましたから。そのなかに、京都の旧家出身の芸術家がお持ちだった鴛鴦の絵も含まれていたんです。若冲ではなかったのですが、同じような絵を二点持つこともないかな、と考えました。

山下　その京都の芸術家から購入されたのは、鴛鴦だけですか？

プライス　森狙仙《もりそせん》の猿の絵なども、その方から買ったものです。趣味人として通っている方でしたから、光悦[*35]の樂茶碗《らくぢゃわん》など、いいものをたくさんお持ちでしたよ。ところが、家に持ち帰った鴛鴦の絵を見ると、どうにも気に入らない。「同じような絵」と言いましたけど、同じなのは画題だけで、若冲の『雪芦鴛鴦図』の足もとにもおよばない作品でした。思えば私に売った方も、どこか気に入らないところがあるから、手放す気になったのかもしれませんね。一年半ほどして、また荻原さんに『雪芦鴛鴦図』を見せていただいたのですが、やはりすばらしかった。逃した魚は大きいといいますが、そうした錯覚ではなく、間違いなく本物の絵です。それを見ているうちに、なんだかみじめな気分にさえなりました。よしあしを即座に見抜けなかった自分に腹を立てたというか、お金を惜しんだことを後悔したというか、いろいろな思いが複雑に混じり合っていました。嫌な思いを振り払う方法はひとつしかありません。あらためて「購入したい」と荻原さんに言いました。

山下　そのときの有名な逸話がありますね。

＊35　光悦の樂茶碗（こうえつのらくぢゃわん）
寛永の三筆のひとりに数えられる能書家で、蒔絵などの工芸にも秀でていた本阿弥光悦（1558〜1637）の手になる茶碗。「手すさびで手がけた」とみずから語る作陶活動ではあったが、味わい深い造形美をたたえた樂焼の茶碗は、その現存する数の少なさも手伝ってひじょうに評価が高い。なかでも、「不二山」の銘をもつ白樂茶碗（長野県、サンリツ服部美術館蔵）は、光悦の樂茶碗でもとりわけ名品の誉れ高い逸品で、国宝に指定されている。

プライス　ええ。わずか一年半の間に、値段が倍になっていたのです。最初は聞き間違いかと思って、何度か確かめましたが、荻原さんは同じ金額を繰り返すばかりです。驚いて立ちつくしていた私に荻原さんは、こう言いました。「いいと思ったものは、その場で買わなければいけません。これはレッスン料ですよ」と。なるほど、そのとおりでした。気持ちに迷いが生じたために、一年以上ももやもやした気分のまま過ごすはめになったのですからね。

山下　荻原さんにそう言われたときは、少しは腹を立てられませんでしたか。

プライス　いやいや、私はただ幸せに浸っていました。何しろ『雪芦鴛鴦図』のような傑作が、一年半の間、誰かの手に渡ることなく、私のもとに来たのですから。荻原さんの言葉が耳に痛いとも思いませんでした。

山下　結局、『雪芦鴛鴦図』は『紫陽花双鶏図』より高いものとなった？

プライス　そうです。

山下　それにしても、若冲の着彩の鶏が二〇〇万円というのは、当時の物価を考慮しても、いい買い物でしたね。いまでは数億円の価値があるでしょう。荻原さんから購入した若冲は、その二点だけですか。

プライス　ほかには『鷲図《わしず》』や『花鳥人物図押絵貼屏風《おしえばりびょうぶ》』なども、荻原さんからです。それと『虎図《とらず》』も、知り合ってまもないころ、荻原さんの店で拝見しました。ただ、これは荻原さんがお持ちではなく、水谷さんが大阪の所蔵家から持って来たと記憶しています。荻原さんは不思議な方で、私が金の工面がつきそうになると、それを計ったかのようにつぎの絵を見せてくれるんですよ。笑い話になりますが、私の銀行口座を把握してるんじゃないかと思ったほどです。

『動植綵絵』との対面

山下　その後、ジョーさんは若冲畢生《ひっせい》の大作である『動植綵絵《どうしょくさいえ》』*36を京都御所でご覧になっていますよね。何年ですか？

プライス　大阪万博の年ですから、一九七〇年でした。京都国立博物館に勤めていらした白畑よし先生[*37]が誘ってくださったのです。

山下　白畑先生といいますと、大和絵の研究などで知られた美術史家ですね。明治時代のお生まれで、女性研究者の草分け的な存在ですね。どのようなご縁で知り合われたのですか。

プライス　彼女は、博物館で美術品輸出の許可を与える業務をしていたそうです。国宝や重要文化財に指定されていなくても、私が集めているような江戸時代の美術品を国外に持ち出すには、それなりの書類審査が必要なんですね。それで彼女が目を通す書類に何度も「プライス」という名前を見るので、どんな人物なのかと、私に興味を抱かれたようです。六八年の春に退職されたのちに、人を通じて紹介されました。在職中は、公私の混同があってはいけないと遠慮されていたようです。初めてお会いしたのは夏だったと思います。

山下　そのときに『動植綵絵』の話が出たのですか。

プライス　いや、若冲が好きだという話はしましたが、どこで見られるとか、そういう話はしませんでしたね。もちろん『動植綵絵』がすばらしい作品であることは知っていましたから、話題には出たかもしれませんが。話が具体化したのは、それから数か月後の一〇月の後半です。オクラホマの自宅に、白畑先生から直接電話がかかってきたのです。「秋の曝涼《ばくりょう》のときに、『動植綵絵』全幅を見られるから、おいでください」と。

山下　曝涼というのは、年に一度のいわゆる虫干しですね。しかし一〇月後半というと、もう曝涼の日まで間もなかったんじゃないですか。

＊36　動植綵絵（どうしょくさいえ）
全30幅からなる伊藤若冲畢生の大作。弟に家督を譲ってほどなくして着手し、およそ10年の歳月をかけて完成させた。はじめは3幅の『釈迦三尊像』とともに京都、相国寺に寄進された。明治に入り、廃仏毀釈によって危機に瀕した相国寺が宮内庁に献上し、散逸の危機をまぬがれ、御物として今日まで伝えられている（宮内庁三の丸尚蔵館蔵）。そして2007年5月、相国寺承天閣美術館において、『動植綵絵』と『釈迦三尊像』33幅が120年ぶりに再会を果たした。

＊37　白畑よし（しらはた・よし）
1906年山形県生まれ。当時の文部省美術研究所（現在の東京文化財研究所）を経て、『源氏物語』研究をするなら京都で、ということもあり、1952年に京都国立博物館に移り、68年の定年まで勤務。専門は日本絵画史で、大和絵、王朝絵巻に関する著作が多い。

プライス　そうなんですよ。展示が、もう三日後に迫っているというんです。しかも、アメリカから日本に来るときは、時差の都合で、一日なくなる。私は、そのときはまだ「曝涼」というものがよくわからず、ふつうの内覧会か何かと思ったので、少しは延長できないかと聞いたのです。しかし『動植綵絵』は一日一〇幅ずつ開陳されるだけで、ほかの日に見ることはできないという。もう迷っている暇はありませんでしたね。とるものもとりあえずという感じで、用事もすべて投げ出して、電話を受けた数時間後には、パン・アメリカンの飛行機に乗っていました。まだ日米間に無寄港の直行便がなかった時代ですから、オクラホマから、サンフランシスコ、アンカレジ、羽田、そして大阪と飛行機を乗り継いでなんとか間に合いました。

山下　『動植綵絵』は京都御所のどの部屋に掛けられていたのですか。

プライス　それが、絵のことはよく覚えているのですが、建物のことはほとんど記憶に残っていないんです。すぐ前に庭がある、縁側付きの広い部屋でした。これじゃあ手がかりにもなりませんね（笑）。

山下　三日間、じっくりと観覧できました？

プライス　ええ、それはもう、息を殺すように見続けました。最後の日は、午後に天気が崩れて激しい雨となったので、正確には二日半となりますか。それが少し残念でした。

山下　その折、[*38]思わず涙を流されたそうですが。

プライス　流した……ようですね。じつは私自身は、よく覚えていないんです。ただ夢

＊38　思わず涙を流した
のちに、白畑よし氏は、雑誌記事のなかで曝涼の際のプライス氏の様子にふれている。「プライス氏が久しく拝見を待望していた若冲のもっとも代表的な傑作である御物の絵にめぐり合ったとき、彼は粛然と頭を垂れて、ひそかに涙をぬぐったのを私は知っている。他人とのよけいな問答より、その芸術を通じて、若冲と心の中で対話し、思索を深くして行っているように私には受け取れるのである」(「若冲になりきったプライスさん」『芸術新潮』1971年3月号)

中になって絵を見ていただけです。エツコをはじめ、みんなが泣いていたと言いますから、知らずに涙を流していたのでしょう。

山下　その場にいたのは、ジョーさんとエツコさんと白畑先生の三人。ところが、じつは隣の部屋には、美術史界の重鎮で東京大学教授の山根有三先生[*39]もいらした。ジョーさんとは面識がないけれど、若冲などの江戸時代絵画を集めていることは知っていた。そこで挨拶をしようと思って部屋に入りかけたら、ジョーさんが涙ぐんでいらっしゃるのを見て遠慮したそうです。

プライス　そのときは、隣に人がいたことに気づきませんでした。二〇年ほどしてから、そのように書き記されていると聞いて、初めて知りました。

山下　それほど絵に夢中になっていたんでしょうね。『動植綵絵』の実物を見たのは、そのときが初めてですよね？

プライス　いや、じつはその前年に、京都国立博物館の武田恒夫先生[*40]のご厚意で、一幅だけ見せていただきました。私がいちばん好きな「菊花流水図」です。先生が、スイスで行なわれる日本美術の展覧会の準備をされていたときでした。運び出す直前に、特別に地下室で見せてくれたのです。いままで秘密にしていたんですが。

山下　初めて見たときのご感想は？

プライス　泣きました。これははっきりと覚えています。感動に体が打ち震えると言いますが、感きわまるとほんとうに体の制御がきかなくなるんですね。あんな体験は初め

＊39　**山根有三**（やまね・ゆうぞう）
1919年大阪府生まれ。東京大学卒業後、恩賜京都博物館、神戸大学助教授を経て、東京大学教授。専門は中世・近世絵画史。とくに、俵屋宗達・尾形光琳の画業についての研究で画期的な成果をあげる。文化功労者。2001年死去。おもな著書に『宗達』『山根有三著作集』（全7巻）など。

＊40　**武田恒夫**
1925年京都府生まれ。京都大学文学部卒業後、京都国立博物館、大阪大学教授を経て、大阪大学名誉教授。専門は近世絵画史、とくに狩野派の研究。おもな著書に『近世初期障屏画の研究』『狩野派絵画史』など。

建築家ゴフ氏に白黒の画集を見せられて以来、心から離れない『動植綵絵』のなかでも、とりわけ好きな「菊花流水図」。こうした白黒の図版から若冲の華麗なる色づかいがある程度想像できたプライス氏の想像力は相当なもの。

てです。私があまりにも泣くので、エッコと武田先生が遠慮して、ひとりにしてくれたほどです。

山下　そうしますと、京博では号泣し、御所ではもの静かに涙を流したという感じでしょうか。

プライス　そうなりますね。私は親を亡くしたとき以外では、生涯に泣いたことは三度しかありません。一度目は、オリンピックの年に船を失ったとき。あとの二度目と三度目は、『動植綵絵』を見たときです。前者は哀しみの涙、後者は喜びの涙です。

蘆雪、蛇玉、その他のコレクション

山下　ほかのコレクションについても、お聞かせください。ジョーさんは蘆雪《ろせつ》がお好きで、なかでも『黒白図屏風』が、お気に入りですね。あの絵を買った経緯は？

プライス　あの絵の存在を教えてくださったのは、京都国立博物館館長や京都工芸繊維大学の教授を歴任された、土居次義先生[*41]です。たしか先生のご自宅を訪ねたときだったと思います。大正時代に京博で蘆雪の展覧会が開かれていたことを教えてくださって、そのときの図録『蘆雪名画譜』も見せていただいたんです。そこに掲載されていた作品はどれも見事なものでしたが、なかでも『黒白図』に魅了されました。

絵の所蔵先を先生に尋ねたら、個人蔵ではあるけど、いまははっきりしないと言われる。せめて図録だけでも手に入れたいと思って、古書店を探したけれど、見つけられませんでした。そのときはもう、たいへん希少な本になっていたんですね。それから三年、いや五年ほどたってからでしょうか、水谷石之佑さんのお兄さんである水谷仁三郎さんと会ったときに、その話題になりました。「『黒白図』の載っている図録を探しているんだけど、どうにもならないんだ」と言うと、仁三郎さんは「図録は知らないけど、絵はどこにあるか知っている」と言いました。驚きのあまり、思わず仁三郎さんの顔を見つめ返してしまいましたよ。そんな僥倖《ぎょうこう》があっていいものでしょうか。さっそく絵を見せてもらえるよう頼むと、「やってみる」との返事。仁三郎さんが「見せてくれる」というのは、すなわち、彼が仲介役となって絵を売ってもらえるということです。

持ち主は、京都のある繊維会社の方でした。数日後、その会社の蔵まで、秘密裏に連れて行ってもらいました。仁三郎さんから「かなり状態が悪い」とは聞いていたのですが、予想以上にひどいありさまでした。屏風の金具はなくなり、広げようとすると絵の一部がくっついて、破れそうになる。図録の写真でも、牛の尻尾《しっぽ》のところに破損があるのは認められましたが、それ以降も、一度も手入れをされたことがなかったのでしょう。それどころか、長らく屏風箱から出されたこともないようなありさまでした。

山下　それはいつのことですか。

プライス　七二年か七三年。一九七二年に起きた日米繊維摩擦の影響で、会社の経営が

＊41　**土居次義**（どい・つぎよし）
1906年大阪府生まれ。京都大学文学部卒業後、恩賜京都博物館館長・京都工芸繊維大学教授。専門は近世絵画史。おもな著書に『近世日本絵画の研究』『等伯』『水彩画家　大下藤次郎』など。1991年死去。

苦しくなり、絵を手放すことにしたそうです。自分が売ったとは知られたくないということで、夜中の二時にひっそりと蔵から持ち出しました。私はトラックでそのまま表具屋まで運び、半年かけて修復しました。すばらしい仕事ぶりで、牛の尻尾の破れていた場所さえ、わからなくなるほどでした。

山下　おいくらでしたか。

プライス　一〇〇万円単位だったとは思いますが、よく覚えていません。私は、買うときは絵にばかり集中していて、あとで細かい金額を忘れてしまうのです。購入価格よりも、修復費のほうが高くついたことは確かです。

山下　ジョーさんによって「発見」された絵は少なくないのですが、なかでも最たるものは葛蛇玉《かつじゃぎょく》の『雪中松に兎・梅に鴉図屛風』だと思います。お店の人にも「なんでこんなものを買うんだ?」と聞かれたそうですね。

プライス　正確には「なんでこんなものを買ったんだ?」と過去形です。小切手で払ったあとに、聞かれたんですよ。質問したくてうずうずしていたんだけど、途中で口を挟んだら、私が買うのをやめると思ったんでしょうね。購入したのは七〇年代後半、京都の新門前に店を構えている古美術商からでした。その日はあまりいいものが見つからなかったので、帰ろうと思ってふと横を見ると、壁に屛風が寝かせてある。興味をもち、見せてもらったら、黒と白の対比が目もくらむばかりに美しい、あの屛風だったんです。

山下　ぼくはこの作品を、八五年に、当時新進気鋭の美術史家だった佐藤康宏さんが『國華』[*42]（一〇八五号）に寄せた論文で初めて知ったんですけど、たいへんすばらしいと思いました。そのときまで、名前も知らない画家だったのですが。

プライス　誰も知りませんでした。古美術商の方も、まったく情報をもっていなかった。「なんで買ったんですか？」という質問には、「美しいから」と答えたのですが、わかってもらえないようでした。「でも、画家の名前は知られてないんですよ」と言われました。いまから思えば、多少、私のことを心配してくれたのかもしれませんが（笑）。

山下　ジョーさんが、画家の名前じゃなくて、絵の魅力そのもので買っていることが、よくわかる話ですね。八〇年代半ばには、蛇玉の絵は一点しか知られていなかったけど、その後数点発見されました。そのうちのひとつも、ジョーさんが買われましたよね。

プライス　『蘭石鸚鵡図《らんせきおうむず》』という掛軸です。ほかに、どこかの寺に双幅があると聞いています。

山下　佐藤さんの論文では、蛇玉が*43上田秋成の『雨月物語』の一編「夢応の鯉魚」の主人公である画僧のモデルではないかと推測されました。その後、学習院女子大学教授の今橋理子さん、この方は江戸時代の博物画を中心に研究をしている方ですけど、この作品について、兎と鴉が日月を象徴すると指摘し、「日月《じつげつ》四季花鳥図」の伝統からいえば、左右の置き方が逆ではないかと述べた。たまたまプライスさんが目をとめたことで、以後、すばらしい論文がたくさん書かれたのです。

プライス　みなさんのお役に立てたなら、うれしいことです。

山下　昨年の東京国立博物館の展覧会では、この屏風が闇のなかから浮かび上がるように展示されていて、とても印象的でした。

プライス 若い人にとくに好評だったようですね。あの作品の幻想的な美しさが、見る方にもよく伝わる、展示の仕方でした。

山下 東博の展覧会では、山口素絢[*44]の花鳥画『夏冬白鷺図屏風《しらさぎずびょうぶ》』も、すごく展示効果がありましたね。照度が変わる空間のなかで、銀の屏風が活《い》きていた。素絢も決して高く評価されている画家ではないけれど、この絵はどのような経緯で買われましたか。

＊42　**國華**（こっか）
明治22年（1889）10月、岡倉天心らによって創刊された日本、および東洋美術を扱う美術専門雑誌。新出の美術作品を紹介するなど美術史研究の分野で重要な役割を果たす。いまなお発行されており、発売元は朝日新聞社。2007年6月発刊の号で、通巻1340号を数える。現在の編集主幹は、河野元昭東京大学名誉教授。

＊43　**上田秋成『雨月物語』**（うえだ・あきなり『うげつものがたり』）
江戸時代中期の1776年に刊行。上田秋成（1734～1809）によって書かれた、9編からなる怪異小説集。『夢応の鯉魚』は、三井寺の興義という絵の名手として知られた僧が、鯉魚に姿を変えて琵琶湖をゆうゆうと、心の向くままに遊泳するという奇譚。

＊44　**山口素絢**（やまぐち・そけん）
宝暦9～文政1年（1759～1818）。京都に生まれ、江戸中～後期に活躍した円山派の画家。円山応挙に絵を学び、弟子のなかでも応門十哲と呼ばれた応挙門下の高弟のひとり。美人画に優れ、その優美なやまと絵風美人は人気を博した。プライス氏はほかにも『美人狗児図』『老若婦人図』『舞楽図』の3点の素絢の作品を所蔵している。

プライス　それはごく最近になりますね。この絵は一九九六年に、当時千葉市美術館の館長だった辻惟雄先生が「祝福された四季」という日本美術の展覧会を企画されたときに、出品されていました。そのときは、まだ日本橋の古美術商・壺中居*45が持っていました。人から預かっていたのか、ご自身で所有されていたのかは定かでありません。辻先生は、千葉市美術館に入れたかったようですが、市の予算が許さなかった。それならばと、私が買うことにしました。

山下　壺中居からも、買われているんですね。

プライス　酒井抱一の『十二か月花鳥図』も壺中居からです。あれを買うとき、たまたま抱一の『十二か月花鳥図』が二セット同時に市場に出ましてね。もうひとつは京都の店だったので、新幹線で二往復して、日本橋の壺中居のものと見比べました。どちらも甲乙つけがたい出来だったんですよ。多くの人は、京都のほうがいいと言いましたが、私は壺中居のものを気に入った。ただ、京都の店にもよくしていただいたから断わりにくくて、最後には「私は虫が好きなので、虫が描かれているほうをとる」と言って納得していただきました。

山下　たしかに蜻蛉《とんぼ》や蟷螂《かまきり》が描かれていますね。

プライス　おそらく『十二か月花鳥図』は、すべて抱一が描いたのではないでしょうね。二月の雀や一一月の白鷺はひじょうにすばらしい筆致だけど、それほどでもないところもある。鈴木其一をはじめ、多くの弟子たちが制作を手伝っているんだと思います。

山下　買ったときばかりでなく、買ったあとにストーリーのある絵もありますね。円山応挙門下の呉春《ごしゅん》と景文《けいぶん》の合作になる……。

＊45　壺中居（こちゅうきょ）
1924年創業の老舗の古美術商。東京、日本橋に店を構え、日本と東洋の絵画・陶磁器などを扱う。店名の由来は中国の『後漢書』にある「壺中の天」という故事による。その意味するところは、別天地・別世界を表わし、まさに都会の真ん中でしばし、古美術と対話できる静かな空間である。

プライス　ああ、『柳下幽霊図』。あれを手に入れたのは、七〇年代後半だったと思います。京都の定宿、吉川旅館に泊まっていたときに、ある古美術商が持ってきたのです。私はいいなと思ったのですが、エッコは即座に「ダメよ」と言いました。やはり気味悪い絵ですからね。一応価格を聞いてみると八〇〇万円といわれたので、どちらにせよ、その値段では買えないので断わりました。その男はすぐにまたやってきて、今度は「八〇万円でどうでしょうか」と言う。エッコの返事は同じ。「絶対にダメ。そんなの家に持ってきちゃいけない」。それでも男はあきらめずに、三たびやってきて、「八万円でいいです」と言う。思わず笑ってしまいますよね、最初からゼロふたつ減ったんですから。それで私の独断で買うことにしました。

山下　エッコさんには内緒で？

プライス　内緒でした。見つからないように梱包《こんぽう》して、ほかの絵にまぎらせて家に送りました。ところが、その絵が到着した、その夜のことです。エッコが真夜中に突然叫んで、起きたんです。「幽霊が出た。あの絵の女が出た。さては、あなた買ったわね」と私に言う。そのときは「買ってないよ」と嘘をつきまして、翌日、そっと家からオフィスに置き場所を移したんです。ただ、エアコンもない悪い環境なので、絵にはよくない。半年後に、家に持ち帰った。見えないように裏返しにしていたんですが、その夜、やはりエツコが叫ぶんです。「あなた、ほんとうはあの絵を買ったんでしょ」。答えに窮していたら、「あの幽霊が、私にこう言うのよ。キッチンからナイフを持ってこい」と。心臓が飛び出るかというほど、驚きましたね。絵はすぐにオフィスに移動しました。二、三か月しましたら、エツコが「線香で清めたから大丈夫」と言うので、また家に戻した。ある種の供養になったのでしょうか、以来、幽霊は出ていません。

山下　すごい話ですね。「幽霊図」といえば、蘆雪の作品もお持ちですよね。

プライス　はい。

山下　ぼくは、蘆雪が大好きなんですが、幽霊は呉春にかなわないと思います。

プライス　私もそう思います。蘆雪の幽霊は、歌舞伎役者が幽霊を演じているふうだけど、呉春は幽霊そのものを描いていますね。

山下　ところで、酒井抱一の『月に秋草図屏風』の例もありますが、欲しいと思ったものが、すべて手に入ったわけではないですよね。たとえば、数年前に文化庁が購入した蕭白の『群仙図屏風《ぐんせんずびょうぶ》』。これも買う寸前までいったそうですが。

プライス　これは、蘆雪の『黒白図屏風』でお世話になった、水谷仁三郎さんが持っていました。ニューヨークからジョゼフ瀬尾さんが来て、エツコと三人で水谷さんのご自宅に伺いました。店のほうではなく、ご自宅に置かれていたんです。奇怪な仙人たちのいきいきとした姿を見て、私はすぐに気に入り、エツコが交渉しました。何百万円かしたと思います。ところが交渉途中のささいな行き違いから、購入することはかなわなくなりました。エツコはあくまで私の代理だったのですが、相手は、あたかもエツコ本人が交渉しているようにとってしまったようです。当時は、こうした古美術商で女性が交渉するなどということは考えられない時代でしたから、そんなことも一因だったかもしれませんね。それで話がなくなったんです。ふたりとも若かったから、まだ六〇年代のことでしたね。

山下　そしてそののちに、『國華』に辻惟雄先生の論文が掲載されて、多くの人が屏風

若冲好きで知られるプライス氏だが、それに負けないほど蘆雪もお気に入り。
なかでも大好きな無量寺の『虎図』を前に、ご満悦の様子。

の存在を知るところとなるわけですよね。

プライス　そうした事情は知りませんが、喧嘩《けんか》してまで買おうとは思いませんでした。もっとも、私もエツコもやや短気だったかもしれません。

山下　すると逃した大きな獲物は、抱一の『月に秋草図屛風』と、『群仙図屛風』の二点になりますか。

プライス　もうひとつあります。いまは京都の鐵齋堂《てつさいどう》さんがお持ちの、蘆雪の『牛図』もです。

山下　あの作品もそうだったんですか。つい最近、森美術館の「日本美術が笑う」という展覧会に出品していただきましたが。

プライス　これはオークションで落としそこねました。競り合う相手がいるものですから、仕方ないですね。幸い最近は展覧会にもよく出品されてますから、そのたびにじっくりと見ることができるのはありがたいです。自然光でないのが、玉に瑕《きず》ですけど。いま、売りに出されているようですが、四五〇〇万円と聞いて、あきらめました。蘆雪もいつのまにか、高くなりましたね。とても手が出せる価格ではありません。

山下　さて、一連のコレクションのなかで、いまやもっとも有名な作品と言っていいのが、若冲の『鳥獣花木図屛風』です。この絵は、八〇年代の初め、当時東京国立博物館の研究員だった小林忠先生によって、階段の踊り場に置かれていたものが「再発見」されました。もともとは横浜正金銀行の頭取だった武内家の所蔵品で、長らく東博に預けっぱなしになっていたといいます。小林先生が雑誌『ミュージアム　364号』（1981年）に、この作品についての論文を発表すると、さっそく古美術商の柳*46孝さんがもとの持ち主から買われて、ほどなくジョーさんの手に渡った。こうした経緯を、小林先生から伺いましたが、そうしますと、ジョーさんが絵を初めて見たのは、京都でですか？

プライス　実物を見たのは、京都国立博物館の収蔵庫でした。柳さんが京博に寄託されていたんです。ただ、そういう作品があるということは、小林先生が論文を書かれているときに、写真を見せてくださったので、知っていました。弱肉強食のない、まるでパラダイスのような世界が描かれていると思い、たいへん気に入りました。あれを手に入れられたのも、たいへん幸運なことです。

山下　すると購入されたのは、何年になりますか。

プライス　ロサンゼルス・オリンピックが行なわれた年ですから、八四年だったと思います。その年から翌年にかけて、私のコレクション展を企画してくださった方がいて、東京のサントリー美術館と大阪市立美術館を巡回したのですが、その出品作としては間に合いませんでした。

山下　プライス・コレクションとしては比較的新しいほうですが、この作品については多くの論文が発表されました。筆者について異論を述べる人もいるけど、この絵は多くの人を引きつけてやみません。

プライス　若冲は大好きですけど、あまり真贋《しんがん》論争には巻き込まれたくないという気持ちはあります。誰が描いたかは二の次ですが、絵の重要性を考えれば、江戸時代にこのような絵の発想ができるのは若冲以外には考えられないとも思います。ただ、これが若冲であると説明するには一日かかりますけれどね。

山下　蕭白の偽物についても、同じようなことをおっしゃってますよね。

プライス　『唐人物図《とうじんぶつず》』でしょうか。たしかに私も、あの作品が蕭白の筆とは思いません。それは、専門家の方々と意見が一致するところです。ですから、あの絵から蕭白の画業を考察するとすれば、間違いとなるでしょう。

＊46　柳孝（やなぎ・たかし）
京都・新門前、縄手通に店を構える古美術「柳孝」の主人（1938年生まれ）。おもに日本の古美術を手がけ、とびきり質のよい品物をそろえることで、つとに知られる。日本でいちばんの目利きともいわれ、小林秀雄・白洲正子をはじめ、著名人の顧客も多い。ちなみに看板の文字は川端康成の手になるもの。プライス夫妻との交流も長く、来日して京都に寄った際には必ず柳さんの店を訪れるほどである。『芸術新潮』2006年1月号より、「柳孝骨董一代記」として、これまでの半生を振り返る連載が掲載されている。

ただ私は、あの作品をいわゆる「偽物」だとは思ってないんですよ。どこの誰が描いたのかはわかりませんが、かなり腕のたつ絵師だったのでしょう、たいへん個性的な筆致で仙人らしき人物を描いています。とても魅力的な絵です。私にとって、絵がよければ、それは「本物」なんです。偽物なのは署名だけです。私は絵が好きで手に入れたわけで、落款《らっかん》にお金を払ったわけではありません。

山下　ご自宅には、『鳥獣花木図屛風』をタイルにコピーしたお風呂もつくられました。日本の雑誌やテレビで紹介されて、よく知られている話ですけれども、その発想はどこから？

プライス　もともとは、あの作品を見た人の感想から始まったことです。購入後すぐに、ロサンゼルス・カウンティ美術館で知人たちに見せました。すると多くの人があの絵を「モザイク、モザイク」と呼ぶんです。石やタイルの小片を並べる工芸品ですね。私は、なるほど西洋美術やイスラム美術に慣れている人には、あの絵はモザイクのように見えるのかと思いました。日本美術にあまり詳しくない人からは、「これはタイルでつくったのですか？」とも聞かれました。その人もじっくり観察すれば、絵具で描かれている

『唐人物図』。誰が描いたかが重要なのではなく、私が気に入った絵が私を幸せにするという、プライス氏の絵に対する考え方を象徴するコレクションの一点。曾我蕭白の贋作として見るのではなく、プライス氏はただならぬ力量をもつ画家の作として、この絵を愛してやまない。

ことに気づいたんでしょうけど、遠目に見て、四角い枡目《ますめ》をタイルと勘違いしたんですね。以来、私のなかでは「モザイク」「タイル」という言葉が、この絵と関連づけられました。

私事になりますが、そのころちょうど、新しい家を建てていたところで、住宅展示場を見てまわっていました。細かいところは専門家任せにしないで、自分たちの好みにあわせてつくりたいと思っていましたから。あるブースに足を運んだところ、ふたりのお年を召した女性がいて、子供部屋にタイルで好みの絵を描いていると言うんです。そのときにひらめきました。若冲の絵を自宅の室内に再現できるんじゃないか、と。ふたりに「バスルームにも、絵を描けますか?」と聞くと、「もちろん」との答え。

さっそく彼女たちに、絵のポスターと家の設計図とを見てもらいました。両者を見比べて、ちょうど一インチ四方のタイルで屏風右隻のほぼ全体を再現できることがわかりました。縦横の比率の関係で、上下をわずかに切り、また左右は六扇のうち五扇分しか入れられなかったけど、お願いしました。こうして、タイルによるバスルームが完成したのです。

山下　ぼくはそのお風呂で、ジョーさんとツーショット写真を撮って、すごくうれしかったですね（「若冲を見たか？」『ブルータス』２００６年８月15日号）。絵に包まれているような、なんとも不思議な気持ちでした。あの感動を、ジョーさんは毎日味わっているわけですね。

第四章

日本人研究者との交流と、
日本館を建てるまで

山下　これまでに何人か、日本の学者の名前が出てきました。われわれ日本人研究者は、ジョーさんから多大な恩恵を受けていますが、いちばん最初に出会った学者は、やはり若冲や蕭白などエキセントリックな画家の研究で知られる辻惟雄*47先生ですか？

プライス　そうなりますね。たしか一九六六年か六七年のことだったと思います。出会った時期については、私も辻先生も、正確な年を忘れてしまって、いつも話が食い違うのですが(笑)。いずれにせよ、ほぼ四〇年前のことですね。京都の水谷石之佑さんから、「東京にプライスさん好みの変わった先生がいるから会ってみたら」と勧められたのです。そのころ辻先生は、東京国立文化財研究所（現・東京文化財研究所）にいらっしゃいました。それでエツコとともに上野にある研究所を訪ねて、その後、銀座までご一緒して食事をしたことを覚えています。

山下　辻先生のほうも、ジョーさんにお会いする前からお名前を知っていたんですよね。

プライス　と言いますと？

山下　ジョーさんが、荻原さんの店で若冲の『紫陽花双鶏図』と『雪芦鴛鴦図』を買った直後、辻先生が、その絵を借り出しています。そして東京大学の美術史研究室で、当時、大学院生だった小林忠先生や、河野元昭先生に見せて、「日本人が江戸時代の絵画を顧みないうちに、これほどの作品が海外に流出してしまうんだぞ。これが見納めだからよく見ておけ」と発破をかけたそうです。

プライス　ああ、そのようですね。私がその話を伺ったのは、かなりあとになってからですが。

*47　**辻惟雄**（つじ・のぶお）
1932年愛知県生まれ。東京大学大学院修了。東京国立文化財研究所・東北大学教授・東京大学教授・国立国際日本文化研究センター教授・千葉市美術館館長・多摩美術大学学長などを歴任。現在、東京大学・多摩美術大学名誉教授。ＭＩＨＯ　ＭＵＳＥＵＭ館長。おもな著書に『若冲』『奇想の図譜』『遊戯する神仏たち』など。2005年には『日本美術の歴史』をまとめ、話題になった。

*48　**小林忠**（こばやし・ただし）
1941年東京都生まれ。東京大学大学院修了。近世絵画史専攻。名古屋大学助教授・東京国立博物館勤務を経て、学習院大学教授・千葉市美術館館長。おもな著書に『春信』『江戸絵画史論』『江戸の画家たち』など。

*49　**河野元昭**（こうの・もとあき）
1943年東京都生まれ。東京大学大学院修了。近世美術史専攻。名古屋大学助教授・東京大学教授を経て、東京大学名誉教授・尚美学園大学大学院教授・秋田県立近代美術館館長。美術雑誌『國華』編集主幹。おもな著書に『新編名宝日本の美術26　大雅・応挙』『日本の美術257　谷文晁』『日本の美術194　狩野探幽』など。

山下　小林先生のご記憶だと、辻先生が絵を借り受けたのは六五年頃だったと言います。ただ、先ほどのジョーさんの話と合わせると、『雪芦鴛鴦図』の購入は決まっていなかったかもしれませんね。ちなみに、辻先生が『奇想の系譜』[*50]を発表して、若冲、蘆雪、蕭白などを広く紹介したのは七〇年。そのあとがきでも、日本美術の傑作が、アメリカ人の熱狂的なファンによって買われつつあることを嘆いています。よっぽど悔しかったんでしょうね。もちろん、そのアメリカ人、つまりジョーさんが、投機目的ではなく、純粋に好きで買っていることを知っていて、それは絵にとっては幸せなことだとも述べていますが。

プライス　ありがたいことですね。

山下　その後の辻先生とのつきあいは？

プライス　ずっと続いています。私が日本に来るたび、あるいは先生がアメリカにいらっしゃるたびに、必ずお会いしています。私の孤独な収集作業を、早くから理解してくださった友人であり、また、気に入ったものだけを手に入れるばかりで、確たる方針もなかった私のコレクションの性格を、いつも言葉によって表わしてくれました。

辻先生によれば、私のコレクションは、文学的な情緒のあるなしではなく、描かれた動植物の精確性を重視していることに特色があるそうです。そして、後世に名を残した絵師ほど、動植物の構造をおろそかにせずに描いているので、絵の真贋を見きわめる確かな方法だと評されました。また、たんに動物の形が精確なだけでなく、私が選ぶ作品にはどれも、生命の気のようなものが描かれているとも言われました。うれしいことです。フランク・ロイド・ライトから、自然を見る目を鍛えられていたことが、絵の収集に役立ったのでしょう。

＊50　奇想の系譜（きそうのけいふ）
1970年に出版された辻惟雄氏の著作。“江戸時代の奇矯で幻想的なイメージの表出を特色とする画家の系譜をたどる”ということを軸に、伊藤若冲をはじめ、岩佐又兵衛・狩野山雪・曾我蕭白・長澤蘆雪・歌川国芳らの画業を紹介した。辻氏はこの本のあとがきで、こうした画家たちの作品をエゲツナイと袖にしている間に、魅力的な作品がどんどんアメリカの熱狂的なコレクターの手（プライス氏のこと）に帰してしまっていると嘆き、日本のコレクターたちにこうした絵のすばらしさに目覚めよと発破をかけている。

山下　辻先生が、初めてオクラホマのジョーさんのお宅を訪ねたのは、何年ですか。

プライス　一九七二年でした。先生にお会いしたときに、「私は自分が買った絵を隠すつもりはない。誰にでもオープンにしてますから、ぜひ見に来てほしい」とお誘いしたんですよ。

山下　そのときはもう、ご自宅に絵を陳列するスペースをつくられていますよね。若冲の画室に倣って「心遠館《しんえんかん》」と名付けた建物を。

プライス　はい。心遠館は、前にお話しした独身時代の住まいを増築するかたちで、六五年からつくりはじめ、エッコと結婚した六六年にはできあがっています。設計はブルース・ゴフ氏で、私の希望をできるかぎり建物に反映してもらいましたよ。基本的に六角形の建物で、そのうち三方の壁には、掛軸を掛けられる床《とこ》の間《ま》を設け、残りの空間に屏風を広げていました。自然光をふんだんに取り入れられるよう、窓には障子のような和紙の戸をはめ込みました。室内には幾何学的にデザインした木やガラスの装飾を配し、床には真っ白な絨毯《じゅうたん》。こうすることで、間接照明が入り交じり、穏やかな光に包まれた空間となるのです。全体としては、日本建築とアメリカの現代建築が融合したような設計にみえるでしょう。玄関で靴を脱いで室内に上がるようにしたのも、日本風でした。また部屋の中央には池を設けたのですが、それは湿度調整システムを兼ねています。辻先生は、「絵に集中しているうちに、池に落ちる人はいないか」と心配されていましたね。じつは、ひとりだけいるのです（笑）。辻先生ではありませんよ。アメリカ人の研究家です。以後は、事故が起こらないよう池の上に床板をかぶせました。私は、どちらかというと実用よりも美を重んじる人間ですから、少し残念でしたね。建物は、そのあとも何度か増改築を繰り返し、七五年までに三階建てとなりました。

山下　学芸員は置かれました？

プライス　いません。陳列館として設計されていますが、いつも開いているわけではなく、コレクションを見たいという希望者がいれば、お迎えするというかたちでした。もちろん入場料はとりません。

山下　辻先生がジョーさんと知り合って以来、多くの日本人研究者が、お世話になり、

オクラホマ時代の住居、心遠館にあった美術品の陳列館。中央は湿度調整機能を果たす池。

ブルース・ゴフ氏設計の心遠館外観。光や自然を住居内に取り込んだ、意欲的な建築である。

そしてオクラホマのご自宅で歓待を受けています。七一年の東博[*51]での「若冲展」のときは、当時、博物館に勤めていた小林忠先生が、プライス・コレクションの貸し出しを依頼しています。するとジョーさんは、所蔵している作品を送るどころか、輸送費までご自分で負担された。さらに予算が足りないだろうと心配して、カタログを三〇〇部も買い上げた。

プライス　大正時代以来の、若冲の本格的な展覧会といわれ、とてもうれしかったのです。私の作品がお役に立てるだけで満足で、見返りなど何もいらないという気持ちでした。小林先生には、七八年に、辻先生や河野元昭先生とご一緒にオクラホマの自宅まで足を運んでいただいてます。お三方とも、江戸時代絵画研究のエキスパートですから、たいへん熱心に調査してくださいましたね。その後もアメリカでの調査旅行の際には、必ず立ち寄ってくださいます。

山下　八〇年代以降も、多くの若い学者がジョーさんのお宅を訪れました。ジョーさんの惜しみない協力の原動力はなんですか。

プライス　やはり理解しあえる友が増えるという喜びでしょうね。私は二、三〇年もの間、オクラホマで、ひとりで江戸時代絵画を集めていました。誰も見に来ないし、誰とも話せないし、誰とも喜びを分かち合えない。それに比べれば、いまはほんとうに幸せですよ。多くの人が興味をもってくれて、話ができます。専門家の方々が、絵に隠された秘密を解き明かしてくれることには、たいへん興味があります。また、若い研究者たちがさまざまな興味深いことを研究して、新しいことを教えてくれます。先ほども話題に出ましたが、葛蛇玉の『雪中松に兎・梅に鴉図屛風』には太陽と月がシンボル的に描かれているとか、若冲の『鳥獣花木図屛風』には、仏教的な意味合いがあるとかですね。そうしたことを知るたびに、私は自分のコレクションが、より豊かになるのを感じます。

日本館を建てるまで

山下　八〇年代には、さらに大きな事業に着手されました。作品をより多くの人が見られるよう、ロサンゼルス・カウンティ美術館に併設するかたちで「日本館」を建て、コレクションを収納展示できるようにしました。この建物の概要をご説明いただけますか。

プライス　日本の屏風や掛軸を鑑賞するのに理想的な空間をめざしました。当初は、「心遠館」同様、ゴフ氏に設計を依頼したのです。しかし、彼が八二年に亡くなったので、弟子の[*52]バート・プリンスに引き継いでもらうことになりました。建物全体の形は、蓮の花をかたどっています。室内には、もちろん自然光が入ります。ガラスケースに入れた展示にはしたくなかったので、作品とじかに向き合える構造にしました。ただ安全上の問題もありますから、展示スペースと鑑賞者との間にはふきぬけを設け、作品にふれられないようにはしてあります。

＊51　東博での「若冲展」
1971年9月15日～10月10日まで、東京国立博物館で開かれた大規模な若冲展。「若冲　特別展観」と題され、1926年以来、45年ぶりに『動植綵絵』30幅が、15幅ずつ前・後期に分けて公開されるなど83点が並んだ。プライス氏のコレクションからは11点が出品された。同じ年の6月「近世異端の芸術展　蕭白と蘆雪を中心に」という展覧会も開かれ、若冲・曾我蕭白・長澤蘆雪などをまとめて見ることができる年となる。プライス氏によれば、50年代、60年代に比較的購入しやすい値段設定だった江戸時代絵画は、この若冲展が開かれたころから高騰したという。

＊52　バート・プリンス
1947年アメリカ南西部ニュー・メキシコ州に生まれる。大学で建築を学び、そこに教えに来たブルース・ゴフの進行中の仕事に興味を覚える。1969年、ゴフの最新の仕事、プライス邸の増築を見にオクラホマに出かけ、それがきっかけでゴフの事務所で働くことになる。その後、ゴフのもとを離れ、独立。ライト、ゴフと受け継がれた「オーガニック建築」の後継者として他の追随を許さない独自の建築を手がけ、プライス氏とも親交がある。ロサンゼルス・カウンティ美術館の「日本館」を、ゴフ死去の跡を受けて完成させ、いま現在プライス氏一家が住むロサンゼルス郊外の住居も手がける。

山下　ただ世の中は難しくて、なかなかジョーさんの思うように事が運ばなかった。そのへんの事情を順に伺いたいのですが、まず八〇年に、仕事からすっかりリタイアされてますね。

プライス　五〇歳になったのを機に、プライス社の株をすべて兄に売り、会社との関係がなくなりました。あとは好きなことだけをやろうと決めたのです。それはつまり、家族と過ごす時間を別にすれば、私のもてる能力と時間を、すべて江戸時代絵画に注ぐということです。

山下　四〇歳で青物問屋の家業を弟に譲り、絵に没頭した若冲の人生と重なりますね。そのころ、オクラホマからロサンゼルスに引っ越されてもいます。これは何年のことですか。

プライス　オクラホマを出たのが、八三年です。その後、娘の学校の関係で、サンフランシスコ近郊のレイク・タホにしばらく住み、ロサンゼルスに移ったのは八五年ですね。レイク・タホには児童教育の優秀な専門家がいたので、しばらく娘をその学校に通わせたかったのです。

山下　エツコさんもずっと一緒ですか。

プライス　エツコがロサンゼルスに住むのは、少しあとになります。彼女は、八五〜八六年、おもに東京で暮らしていました。ロサンゼルス郊外に建築中だった新しい自宅がまだ完成していなかったこともありますし、娘にしばらく都会の生活に慣れさせたいという思いもあったようです。いきなり小さな地方都市のバートルズビルから、大都会のロサンゼルスに移ったのでは、子どももびっくりしますからね。東京なら、エツコは土地勘もありますし、子どもを守りながら、都会になじませることができます。また、この機会を利用して、エツコは日本美術史を本格的に勉強しなおしました。当時、小林忠先生が教えていた学習院大学の研究室への出入りが許されたので、二年間通ったのです。ふたりの子どもを幼稚園と学校に送り届けると、その足で目白の学習院に向かう毎日でした。

山下　そうすると、ジョーさんは家族と会うためには太平洋を渡らなければならない。

プライス　二週間おきに、東京へ行きました。私は、生涯アメリカン航空を利用できる「エアパス」を持っていたので、毎回それを利用します。当時は、アメリカン航空の直行便はありませんでしたが、シンガポール航空に共同運行便（コードシェア）があったので、それを使って東京とロサンゼルスを行き来しました。

山下　すみません、エアパスってなんですか？

プライス　八五年に、アメリカン航空が五六歳以上の人を対象に、二〇万ドルで同社の飛行機が乗り放題になる権利を売り出したのです。新しい飛行機を購入するための資金集めだったといいます。その広告を見て、私はさっそくそれまでの自分の飛行機の使い方を計算してみました。すると、今後も利用状況が変わらなければ、一三年でもとがとれることがわかったので、購入に踏み切りました。私は五六歳になったばかりで、購入資格のある人間のなかでは、もっとも若かったのです。当時は、アメリカン航空にはほとんど国内便しかありませんでしたが、その後アジアやヨーロッパにも就航したし、マイレージ制度もできた。これは予想外の幸運でしたね。エアパスは正規に購入したチケットと同様の待遇を受けますから、マイレージもつくのです。一三年もかからずに、十分にもとはとれましたよ。

山下　江戸時代絵画だけでなく、飛行機にも先見の明があったんですね（笑）。

プライス　どうでしょう（笑）。でも、航空機の場合は、金額が見合うかどうか、ずいぶん計算しましたよ。日本美術はただ好きで買っていただけですから。そこには、どんな思惑《おもわく》もありませんでした。

山下　さて、ロサンゼルスでは日本館とご自宅を、並行して建設していました。それぞれの完成の年は？

プライス　両方とも八八年に完成しました。自宅のほうも、ブルース・ゴフ氏の建築思想を受け継いだバート・プリンスの設計です。曲線を多用しているので、「キノコのようだ」とか「クジラのようだ」と言う人もいますね。フランク・ロイド・ライトやブルース・ゴフの時代から脈々とはぐくまれてきた、美と住環境のバランスをとった建築が理想の形に近づいた、と自負しています。いまでは、美術を通して文化交流を図る財団

「心遠館」[*53]の拠点ともなっていますす。

山下　美術館は、初めからロサンゼルスに建てるつもりだったんですか?

プライス　いや、多くの候補地を探しました。私がこの計画を思いついたのは、日本館完成の一二年前、一九七六年頃でした。最初は、やはり故郷のバートルズビルに建てたいという思いがあったのです。ただ、これまでの経験から、オクラホマでは興味をもつ人は少ないし、建てたところで誰も来ないだろうという危惧《きぐ》がありました。日本文化に興味をもつ人が多いのは、やはりニューヨークやボストンなどアメリカ北東部の都会か、歴史的に日本とのかかわりが深いカリフォルニア州やワシントン州などの太平洋岸に限られるでしょうから。

山下　美術館を建設する際、もっとも考慮したことはなんですか。

プライス　絵にとって、いちばんいいことは何かと考えました。先ほど申しあげたような、美術館の構造も含めて、まず多くの人に見てもらえることが大切でした。つぎに大切なのは、専門家の研究や、教育に寄与できること。コレクションを通じて、より多くの研究者に貢献でき、また日本美術に興味をもつ人が増えるならばと、それぱかり考えていました。そして第三のポイントとして考えたのは、将来にわたって、安全に管理できるということです。

山下　ロサンゼルス以外の候補地は?

プライス　教育の場に付設しているという意味では、ボストンのハーバード大学が理想

＊53　心遠館（しんえんかん）
若冲が40歳で家督を弟に譲り、それまでの青物問屋の主人と画家との二重生活からようやく世俗を絶って、画業に専念すべく構えた画室の堂号。プライス氏はみずからのコレクションを通じて江戸時代美術を広く紹介する財団を設立するにあたり、この若冲が隠居後に付けた画室の名を財団名に冠した。

的でした。アメリカやヨーロッパの美術品を収蔵するフォッグ美術館（現在、アジア美術は同大学内のアーサー・M・サックラー美術館に移動）がありましたからね。実際に提案してみると、先方も願ってもない話と言ってくれたのですが、残念ながら、私の条件とは折り合いがつかなかった。

山下　その条件とは？

プライス　私たちの側で理想的な建物を設計・建造し、寄贈するということです。江戸時代絵画を展示する場の設計を、ほかの誰かに任せるなんて考えられません。建物を寄贈するかわりに、土地は先方より提供してもらいます。しかし、惜しいことにハーバードには新しい美術館を建てる土地がなかったんです。

続いて、カリフォルニア州のスタンフォード大学やニュージャージー州のプリンストン大学などに話を持ちかけました。これらの大学には土地の余裕はありましたが、日本美術に興味をもつ研究者が、そのころはいませんでした。ですから、話があまり進展しませんでした。そうこうするうちに、大学では絵のメンテナンスという面でも、問題がありそうだと思い、公的な美術館に話を持ちかけることにしました。日本の美術館にも、声をかけたんですよ。

山下　どんな返事でした？

プライス　どこも江戸時代の絵画に興味をもってくれませんでした。話を積極的に聞いてくれるところは、一館もなかった。

山下　うーん、情けない話ですね。たしかに七〇～八〇年代では、まだそんな状況だったでしょう。いまからでもなんとかならないかと、もどかしい気がしますね。

プライス　将来的には、第二の美術館が必要になるかもしれませんから、またお願いすることもあるかと思います。そのころには、江戸時代絵画への見方が変わっているのを祈るばかりです。

ともあれ、美術館に適した土地はないかと、いろんな都市を吟味しました。サンフランシスコは、船に乗っていた時代から好きな町ですし、近くのレイク・タホには私たちの別荘がある。ただ、あの都市はどうしても、チャイナタウンのイメージが強いですね。

シアトルもいい町ですし、太平洋航路の終着地のひとつとして、古くから日本とのつながりがあった。いまでは、イチロー選手の活躍する場として、日本の方々にもおなじみですね。ただ、あそこは「クラウディ・シティ（曇りの町）」といわれるくらい、雨や霧の多い土地なので、少しさびしい感じがしました。

サンディエゴには、「ジャパニーズ・フレンドシップ・ガーデン」という日本庭園があって、そこに建ててもいいと言われたんですよ。そのかわり、施設を維持するための経費もすべてこちらもちと言われ、それでは難しいと判断しました。

ニューヨークでは、ルーズヴェルト島なら土地を提供できるといわれた。マンハッタンの東を流れるイースト・リヴァーに浮かぶ細長い中州です。ここは行ってみるとわかりますが、やや町はずれで、あまり気が進みませんでした。そんなこんなで最終的に、すべての条件を満たす場所として、ロサンゼルス・カウンティ美術館が見つかったのです。

山下　具体的な条件は？

プライス　われわれが五〇〇万ドル（当時の為替・1ドル＝220円）、さらに日本経済団体連合会（経団連）に四〇〇万ドルを負担してもらって、建物を建築したのち、郡に寄贈。施設と作品の保存管理は先方がやるというものです。ただし、コレクターは日本館に自由に出入りできる、コレクションの使用も自由という条件つきでした。

日本館完成後の問題

山下　ところが、それも思うように進まなかったそうですね。

プライス　八八年、美術館建設のための最後の小切手を書いたとたん、先方が「コレクターの用は、これで終わった。美術館に関係するな」といわんばかりの態度をとりはじめました。

山下　どうしてそうなったのでしょう。

プライス　私も、最初は何が起こったのか、わかりませんでした。三〇年間コレクションしてきたのは、間違いなく、この私なんですから。詳しく話を聞いてみると、どうやら新しく入ってきた美術館のスタッフが根拠のない主張をしたために、心遠館のコレクションをアドバイスし完成させたのはこちらの美術館のスタッフである、との作り話が信じ込まれていて、「プライス夫妻は必要ない」という誤解が生じたようです。いま思えば、そのころのロサンゼルス・カウンティ美術館を運営していたのは、美術史家というより、野心的な政治家に近いタイプだったのかもしれませんね。江戸時代美術への理解も乏しかった。

山下　ジョーさんが説明しても、聞き入れてくれないのですか。

プライス　プライス・コレクションが美術館のものになれば、コレクターなどどうでもいい、できれば遠ざけたいという感じがありました。スタッフが着任してまもないころ、挨拶も兼ねて一緒に食事しようとしたら、目の前でほかの人と昼食に行ってしまった、なんてこともありましたね。ひじょうに残念だったのは、地下に掛軸などの収蔵庫としてつくったスペースを、スタッフのオフィスにされてしまったことです。これでは軸物は置いておけないので、いったん自宅に引き上げました。館長が「コレクションを引き上げられるのは、美術館の恥になる」と言うので、それならスタッフ・ルームを収蔵庫に戻してくださいと要求しました。収蔵庫に戻ったのは、開館して一年ほどたってからですね。

山下　ほかには、どんな対策をとられました？

プライス　とにかく大切なのは、美術品をしっかりと守ることです。私が無視されるのはかまわないけれど、コレクションがいい加減な扱いを受けることは、耐えられない。それには、コレクションを自分の管理下に置くしかありません。せっかく完成した日本館が信頼できない施設になってしまいましたから、絵も自分で守るしかないと思いました。そこでまず、八〇年以降のコレクションを全部、館から引き上げることにしました。美術館に新しく赴任してきた人たちは知らなかったのですが、もともと館と私たちで交わした取り決めは、一九八〇年六月以前に購入したコレクションに限っていたのです。それらは私たち夫婦の死後、館に寄贈するという契約でしたから、勝手に約束を破るわけにはいきません。しかし八〇年以降のコレクションは、どんな契約にも縛られない。

山下　プライス・コレクションのすべてが館蔵品になると思っていた人たちは、驚いたでしょうね。

プライス　美術館にトラックをつけて絵を運びはじめたら、大騒ぎになりましたよ。美術館員が口々に、「プライスさん、何をしてるんです?」と叫ぶのです。彼らは八〇年から八八年の間に、私がそれまでと同じくらいの数のコレクションを築いていることを知らなかったんですね。

山下　すると八〇年以降のコレクションは、いまはすべてほかの場所にあるわけですね。

プライス　そうです。

山下　八〇年以前のコレクションの管理は、美術館に任せているんですか?

プライス　いや、江戸時代絵画、およびコレクターに理解を示さない人に任せるわけにはいきませんでした。自宅に置いてある屏風を館に貸したら、トラックの荷台にむきだしの状態で積み上げて戻ってきたことがありましたよ。紐《ひも》で縛りあげて、上に汚い毛布を掛けているだけでした。それはじつは、結婚記念にエッコにプレゼントした、酒井抱一の『三十六歌仙図屛風』だったんです。私は怒りを通り越して、気を失いそうになりましたよ。ジョー・プライスのコレクションではなく、エッコのものだからという理由で、わざとぞんざいに扱ったのではないでしょうか。そういう嫌みなことを平気でできる人が、美術館にはいたんです。

山下　ひどい仕打ちですね。

プライス　何しろ陰では平気で「ジャンク（がらくた）」と言う人までいたくらいですから。開館の翌年に税務調査が入ったときには、館に預けている作品のひとつが行方不明になっていることが発覚しました。それを知ったときも、血の気が失せました。とにかく、みんなをせっついて探し出させた。一週間ほどして、美術館内のまったく関係ない部屋から、その作品が出てきました。なんでそうなるのか、誰もまともな説明をしてくれません。仕方なく財団心遠館の弁護士は、私たちの許可なく、美術館員がコレクションに触ったり、貸し出しの手続きができないようにしました。私の本意ではないのですが、コレクションを守るためには、やむをえない処置でした。

山下　コレクションを多くの人々に見てもらいたいと思っていたジョーさんにとっては、つらい決断だったでしょうね。

プライス　つらく、そしてむなしい時期でした。当初の計画が、まったく頓挫《とんざ》してしまったんですから。開館の日も決して晴れ晴れしい気持ちにはなれませんでした。その後も長く続いた美術館との係争のために、エッコは体を壊してしまったほどです。

山下　日本館には、専門家がコレクションを自由に閲覧できる研究センターも設置する予定だったんですよね。

プライス　それも実現しませんでした。もちろんその後も、研究のために私の絵を見たいという人には、いつだってコレクションをご覧になっていただいています。けれども、日本美術の教育・研究のための施設をつくるという、私の大きな望みは、かなえられずじまいです。

山下　研究への寄与といえば、九〇年代以降、ジョーさんは独力で全コレクションをデータベース化されましたね。

プライス　作品をデジタル画像として取り込んで、データベース化することは、いま、世界中の美術館が行なっていますね。私もコンピュータが普及した時代にあって、カタログのデジタル化はとても有意義なことと思いました。そこで六〇〇点あまりのすべての作品を撮影し、デジタル画像としてコンピュータに保存しました。全体図だけでなく、絵の詳細がわかる部分図もです。たとえば若冲の『鳥獣花木図屏風』などは、モザイクのひと枡ごとを撮影しています。どれだけ細かく見ても、若冲の筆のすばらしさがわかりますね。自然光と人工照明で見たときの違いも識別できるように、撮り分けています。私個人の楽しみにしても仕方ないので、研究者用にCD-ROMやDVDも作成しました。

山下　日本館をめぐる状況は、いまも変わっていませんか。

プライス　幸い、二〇〇六年から好転の兆しが見えます。新しい館長が就任して、異常な事態に気づいてくれました。新館長のマイケル・ガヴァン（Michael Govan）は、まだ四〇代の働きざかりで、優秀な人格者、さらに美術館の改革にも意欲的な人物です。

もともとは現代美術の専門家ですが、古典美術にも理解があり、いまではロサンゼルスを中心としたアメリカ西海岸を、アジア美術の情報を発する中心地にしようという熱意をもって働いています。じつは彼は、学生時代に日本館に足を運んでいて、施設のすばらしさに感動していたようですね。さっそく館の一部を工事して、自然光で作品が見られるスペースを設けましたよ。これからは、新館長と協力して、日本館を本来あるべき姿に戻していけたら、と思います。

エツコさんの話

善良なジョーの背中を、いきなり矢で刺すようなもの。美術館から受けた仕打ちを表現しようとすれば、このくらい強い言葉になってしまいます。

計画当初は、お互いにうまくいっていたんです。ところが開館の六か月前に新しいスタッフが入ったころから、おかしくなった。急に、私たちを遠ざけはじめ、コレクションと引き離そうとする。スタッフが自分の出世ばかり考えるはったり屋だったこともありますが、館長もなぜか、その人の言うことばかり聞く。おかしいな、と思っていましたが、それでも初めのうちは、コレクターがあれこれ口を出すのは迷惑だろうからと、なるべく黙っていたんです。でも、おかしすぎましたね。まだ開館前のことでしたが、スタッフのひとりが、美術館の所蔵品を示す整理番号をコレクションにつけていたので、ジョーが「なぜ、そんなことをするのか?」と穏やかに聞いたんです。私たちが生きている間は、所有権は美術館にありませんから。それだけのことなのに、その人は、ぷるぷると手を震わせて怒るんです。あとからわかったんですけど、ひどい癇癪《かんしやく》もちの人で、縁故採用されていたそうです。

それでも、美術品が大切に扱われるのなら、まだ我慢できるんです。ところが、作品は行方不明になる、屛風はむきだしで運ぶ、陰で「ジャンク」と呼ぶで、まるっきり美術品に対しての敬意がない。そして、ほかの人々に対しては傲慢《ごうまん》なふるまいをする。

なぜ、それほどまでひどいことになったのか。ほんとうの理由はいまでも、わかりません。コレクションが早く美術館のものになれば、それを利用して書籍やミュージアム・グッズを出せると考えていたのかもしれません。誰もほんとうのことは言ってくれませんでした。

私はジョーに何度も、こう言いました。「もっとはっきりとノーと言わなければダメじゃない」と。ところがジョーは、「相手をやりこめて言いなりにしたところで長続きはしない。その人が善意から行動しなければ、美術品のためにはならないんだ」と言うんです。相手の心変わりを待っていたら、こっちが死んじゃうと言っても、とりあわない。そのくらい純真な人なんです。日本館を建築するときに、日本の経団連や、ロサンゼルスの篤志家からも寄付を受けているから、争いごとを表面に出すと、彼らに申し訳ないという気持ちもありました。そういうところは、ほとんど日本人のような性格なんですよ。

それで私は決心しました。これほど日本美術に愛情を注ぎ、多大な貢献をしてくれている善良なアメリカ人の夫をどのようなことがあっても守っていかなければならない、と。それからは夫もそうですが、私も館長に抗議の手紙を書きつづけました。抗議をすればするほど馬鹿にされ、私どもコレクターはますます美術館の笑いものにされるばかりでした。

嫌な電話もかかってくるようになり、落ち着いて生活ができるような状態ではなく、専門家に調査依頼したこともありました。

美術館を取り戻すべく交渉をしているときには、美術館員に「こんな薄っぺらな契約書で勝てるわけない。ふつうは本一冊分くらいの分厚い契約書をつくるもんだ」と鼻で笑われました。私たちの契約書は、美術品が半永久的に保管され、多くの人に利用されることだけを考えてつくっていたんです。美術館のスタッフがどうすべきか、などといちいち決めてなかったんですね。ジョーもビジネスの世界だったら、そういうゆるいこともしなかったんでしょうけど、美術を愛する人に悪い人はいないと思っていた。ましてや、まがりなりにも、日本美術を研究している人が裏切るとは思っていなかった。そこで、弁護士にあらためて第二の契約書をつくってもらったんです。美術館も受け入れざるをえませんでした。そこには、正しいことしか書いてないんですから。

アメリカというところは、このくらい戦わないとやっていけないということですね。私は、学生時代に中国の古典にはなじんでいたんですけど、ロサンゼルスに来て、あらためて「孫子」[*54]「韓非子」「荀子」「墨子」と、政治や兵法を説いた本を読みなおしました。そうやって自分を磨きなおしました。

とくにロサンゼルスという都市は、全米でもちょっと変わったところがあって、自分の名前を隠しているのは、悪いことをした人だと決めつけるところがあるのです。ジョーは、自分の美術品を「心遠館コレクション」と名付けていましたが、名前は出していなかった。それだけで、「悪いことをした金でつくったコレクション」だとみんなが思うのです。信じられないかもしれませんが、こういう風潮は、ロサンゼルス特有の文化だと、新聞にも載りました。それでもっと自分の名前を出すようにアドバイスされたとき、ジョーは、「とてもそんな恥ずかしいことはできない」と言うんです。「ジョーが恥ずかしいなら、私の名前をその前に付けましょう」と言いました。それで、コレクション名を「エッコ&ジョー・プライス・コレクション」と変えたんです。

思い出せば、オクラホマからロサンゼルスに移るときに、「ロサンゼルスに来たら、食べられてしまうぞ」と忠告してくれた友人がいましたけど、ほんとうに、そのとおりでした。オクラホマでは、ジョーのような善良な性格でやっていけるんですが、ロサンゼルスでは通用しないんです。ハリウッドが近いということもあるんでしょうけど、虚飾とはったりがまかり通る町なんです。ジョーはよそ者ということもあって、地元の人のやっかみもありました。「どうして、オクラホマの人のコレクションをロサンゼルスの美術館に置くのか。彼らはシカゴかダラスに行けばいいんだ」と、はっきり口にする人もいました。そして、そのオクラホマ人の妻は日本人。いまでも、アメリカ人の差別感情は、心の奥底では消えてはいないのです。

気がついたら、私の体はぼろぼろになっていました。血圧が、上が二〇〇で下が一〇〇と異常に上がり、病院に担ぎ込まれたんです。その後、腎不全だといわれ、その場で透析が始まりました。九七年のことです。もともと腎臓は弱いほうだったんですが、一〇年間の美術館との戦いで、すっかり弱ってしまったんですね。それでも、ここで負けてなるものか、と強い意志はもちつづけましたよ。こんなことで死んだら、ただの犬死にじゃないですか。

＊54 「孫子」「韓非子」「荀子」「墨子」（「そんし」「かんぴし」「じゅんし」「ぼくし」）
「孫子」は中国春秋時代の兵法家・孫武の撰とされる兵法書。「韓非子」は、紀元前中国の戦国時代の思想家・韓非の著作を集めた書。「荀子」は、紀元前中国の儒家・荀況の撰とされる書。孟子の性善説に対し、性悪説をとなえる。墨子は紀元前中国古代の思想家・墨家の開祖で、墨家の主張を集めたものが「墨子」。非戦論をとなえる。いずれもいまの世にも役立つ言説として、いまだに読み継がれている。なかでも人を統治する術を、冷酷なほど現実的に説いた『韓非子』は、エツコさんによれば、「人に隠れて読め」と親から教わったという。

幸い一年半後に腎臓移植手術が成功し、元気な体を取り戻すことができました。闘病中は、ＵＣＬＡ（カリフォルニア大学ロサンゼルス校）の病院にお世話になったんですが、私の担当医が日本館のファンだったんです。「月に一回は、プライス・コレクションを見て心を慰めている」と言ってくれたとき、ああ、自分たちがしてきたことは間違いじゃなかったんだな、と心底うれしかったのを覚えています。

いいことは必ず報われます。悪いことをした人は、因果応報でいつかは消えていき、最後はジョーの良心が勝つと思っていました。美術館でも、一代前の館長が、館に規律と秩序をもたらし、讒言や悪口を禁じました。さらに現在の館長が、プライス・コレクションに理解を示し、すべてをいい方向に変えてくれています。

今回、日本でのコレクション展が成功したのを見て、ようやく苦労が報われたと感じています。私たちを応援してくれる人も増えました。日本館の開館からつい最近まで、二〇年近くジョーの時間は無駄に過ごされてしまったけれど、いまようやく、彼の希望がかなえられはじめました。

二〇〇七年の秋からは、コレクション展がアメリカに帰ります。まずはワシントンDCのフリーア美術館で、そして二〇〇八年の六月にはロサンゼルスの日本館に戻ります。それを成功させようと、美術館の人たちも、頑張ってくれています。二〇〇八年は、日本館の完成からちょうど二〇年。ロサンゼルスでのコレクション展が始まる日こそ、ジョーにとって、ほんとうの開館の日となるでしょう。

娘たちが「お父さんとお母さんの苦悩を見ているから、私たちはもっとしっかりコレクションを守る」と言ってくれているのがいちばんうれしく、二〇年間の苦悩は、子どもを育てるために与えられた時間であったのかと思えるのです。

オクラホマの放火事件

山下 さて、もうひとつ、つらい話を伺わなければなりません。オクラホマのご自宅が放火にあった件です。

プライス あれはいったい、なんだったのでしょう。一九九六年の冬でした。連絡を受けたのは、クリスマスの翌日です。楽しい休日気分は、いっぺんに吹き飛んでしまいました。ブルース・ゴフが建てた、家も美術館部分も、すべて焼けてしまった。私は、あまりのショックに現場に行きたくなかった。出かける気力がわかず、ただ呆然としていました。エツコはすぐ車に乗るように勧めました。「じゃあ服をとってくるから」と言うと、すでに積み込んであると言うので、その足でオクラホマに向かいました。

エツコさんの話

「自動車に乗って一昼夜かけて、ジョーとふたり、オクラホマまで行きました。急ぐあまり、途中のニュー・メキシコ州とテキサス州では、スピード違反をして捕まったほどです。地元の人の話では、あっというまに、何もかも焼けてしまったそうです。焼け落ちた庭にたたずんでいると、池で飼っていた金魚が泳ぎ寄って来た。数匹だけ生き残ったのです。それを見たときに、それまでこらえていた気持ちが切れて、誰はばかることなく声をあげて泣いてしまいました」

山下　そのころはもう、オクラホマのご自宅はジョーさんの所有ではなかった？

1996年のクリスマスの翌日、放火とみられる失火で全焼することになるオクラホマの心遠館。

特徴的な外観を形づくっていた鉄骨だけが焼け残った、痛ましい心遠館の焼け跡。

プライス　すでにオクラホマ大学に譲渡していました。ただ大学が保存のために手を打たず放置したままなので、ある教授が個人的に買い取り、有効活用しようとしていたところです。ブルース・ゴフ氏が設計した建物というだけで、文化財的な価値がありますからね。最適な保存方法を見つけようと動きはじめたときに、全焼してしまった。大学が雇っていた管理人の痴話喧嘩の巻き添えをくらって、何者かに火をつけられたとのことですが、はっきりしません。

山下　犯人は捕まってないのですか？

プライス　おそらく目星はついたのでしょうが、証拠がなく、現行犯でもないので、逮捕できなかったようです。火災の直後、世界中からブルース・ゴフがかかわった建築物の焼失を嘆く声が、オクラホマに寄せられました。それでようやく、地元では事の重大さに気づいたようです。私たちが住んでいた土地とプライス・タワーをバートルズビル市が管理することになりました。住んでいた土地には、まだ何もありませんが、プライス・タワーはきれいに整備され、宿泊施設を備えた「生きた美術館」として、利用されています。建築に興味をもった観光客が、世界各地から訪れているようです。

第五章

「プライスコレクション」展への道のり

山下　二一世紀に入り、いよいよ今回の展覧会が開かれたわけですが、その準備もたいへんだったでしょうね。

プライス　四、五年間かけて開催にこぎつけましたからね。でも、東京国立博物館[*55]だけで三二万人、全体で一〇〇万人近くの方に見ていただけたのは、幸いでした。これまで私のコレクションを知らなかった人も、会場に足を運んで、江戸時代絵画のすばらしさを再認識してくれたのは、ほんとうにうれしいことです。

山下　そもそも、この展覧会は、どのような経緯で開かれることになったのですか。

プライス　二〇〇三年というひとつの目処《めど》がありました。私がニューヨークでコレクションを始めてから、ちょうど半世紀がたった記念すべき年です。私はそれを機に自分の収集活動にひとつの区切りをつけようと思いました。五〇年間のコレクションをまとめた本をつくりたいと思い、これは小学館から出してもらうことが決まりました。本の出版に合わせて、自分のコレクションが一堂に会す展覧会も開きたいとも思っていました。話が具体化したのは、東京国立博物館の田沢裕賀《ひろよし》[*56]さんが、研究のためにロサンゼルス郊外の自宅にいらしたときです。二〇〇〇年の暮れでした。円山応挙の『懸崖飛泉図《けんがいひせんず》屏風《びょうぶ》』などをご覧になっていただきながら、展覧会の話をしてみました。すると、東京国立博物館でやらせてほしい、と即答してくださったのです。

山下　それからは、とんとん拍子で？

プライス　東京国立博物館の西岡康宏《にしおかやすひろ》副館長が、審査のような目的でいらっしゃいました。個人コレクションで展覧会を開くにあたっては、やはり責任者として全貌《ぜんぼう》を知っておかなければならないと思われたのでしょう。四日間で、朝から晩までかけて、約六〇〇点のコレクションをすべてご覧になりました。その集中力は、すごかったですね。そのうえで、「この展覧会は、やらなければいけない」と力強く言われたので、ひと安心しました。わが家に滞在中の西岡さんに、「どうして展覧会をしたいのですか？」と質問されました。私はこう答えました。「私が展覧会をしたいのではない。作品自体が、多くの人に見られる場を欲しているのです。私は、約二〇〇年間、無視されがちだった絵に日の目を見る場を与えたいだけです」

山下　すると、もともとは二〇〇三年に開かれる予定だったんですね。

プライス　最初は、その予定でした。しかし、二〇〇五年に北斎[*57]の本格的な展覧会が東京国立博物館で開かれることが決まり、その影響もあって、準備が思うように進められなくなりました。こちらは「北斎展」のあとの二〇〇六年に延期されました。「うーん、北斎に負けたか」と少しだけ悔しい思いもありましたが、そのおかげで準備にじっくりと時間をかけられたといえるでしょう。

山下　二〇〇六年に延びたのは、展覧会にとって幸運だったかもしれませんね。若冲人気は、二〇〇〇年の京都国立博物館の展覧会で火がついたんですが、ブームの高まりはその後の六年間で絶頂に達しました。宇多田ヒカルの歌のプロモーション・ビデオや商品のパッケージ・デザインにも、若冲の作品が使われましたし、二〇〇三年、六本木ヒルズに森美術館が開館したときには、その開館記念展に出品された『鳥獣花木図屛風』が巨大な広告に使われ、六本木の町を彩りました。またインターネットの普及に伴い、誰もが気軽に若冲の画像を繰り返し見られる時代になっています。若冲は、いまや日本でもっとも人気のある画家になったと言っていいでしょう。

プライス　私もたいへんいい時期に、展覧会を開けたと思っています。

山下　展覧会の出品作は、ジョーさんが選ばれたのですか。

プライス　博物館側からの注文もありましたが、基本的には、私が作成したリストどおりになりました。主催者の方々とは、日ごろのおつきあいがあったので、私の好みをご存じだったのでしょう。ただ展示作品数については、多少の意見の食い違いがありました。私は当初、一八〇点くらい展示したかったのですが、博物館側は一三〇点が限度だ

＊55　東京国立博物館で32万人
2006年7月4日〜8月27日まで開かれた展覧会には、31万7712人が訪れた。これを1日あたりに換算すると6446人となり、2007年5月発行の『THE ART NEWSPAPER』No.178によれば、2006年中に世界中で開かれた展覧会で、1日あたりの入館者数では世界一であったという。ちなみに2位は、東京国立近代美術館での「藤田嗣治展」、3位はパリのグラン・パレでの「クリムト、シーレ、モーザー、ココシュカ展」。

＊56　田沢裕賀（たざわ・ひろよし）
1960年青森県生まれ。東北大学大学院修了。東京国立博物館教育講座室室長。近世美術史専攻。おもな著書に『日本の美術384　女性の肖像』『日本の美術483　遊楽図と歌舞伎図』など。

＊57　北斎展
2005年10月25日〜12月4日まで東京国立博物館で開催された、浮世絵師葛飾北斎（1760〜1849）の展覧会。世界中から500点にもおよぶ優品を集め、北斎の全貌が明かされた決定版ともいえる展覧会。入館者数33万人を数え、2005年の質実ともにベストワン。その後、展示内容をいくぶん変えて、ワシントンDCのフリーア美術館に巡回した。

という。それなら私は一五〇点に減らそうとしたところ、今度は八〇点が適当な数だといわれました。ただ、これには日米の作品の数え方の違いによる誤解もあった。私は、日本酒井抱一の『十二か月花鳥図』などは、一二枚あるから一二点と数えたのですが、日本の専門家は一件一二点と数えるようですね。結局、互いの意見をすりあわせて一〇九件一四八点という数字におさまりました。しかし、実際の展示を見ると、博物館側の考えが正しかったかもしれません。一五〇点近い絵を一度に見るのはたいへんですね。私も疲れてしまいました。もっと絞って、ひとつずつをじっくり見るかたちにしてもよかったかもしれません。

山下　展覧会の企画中には、あれもこれも出したい、とつい欲張ってしまいがちですからね。でも、プライスコレクション展は、変化に富んでいて、決して展示数が多すぎるということはなかったと思いますよ。展示にあたっての注文をしたことはありますか。

プライス　やはり自然光での鑑賞と、ガラスケースに入れないことは、私のコレクションを見てもらうのにはずせない条件でした。江戸時代には、電灯もガラスケースもなかったんですから、それが作品にとって、もっともいい展示法に決まっているのです。ただ博物館にもさまざまな制約があるので、自然光を取り入れることの難しさはわかります。ガラスケースに入れないのは、作品の保全を考えれば、とてもできないと何度か言われました。私は自分の持ち物だから、何かあった場合は仕方ないと思っていたのですが、主催する側としては、「そうですか」とうなずくわけにもいかないでしょうね。ただ、作品の貸出料や、ギフト・ショップでの商品化権料を取らないかわりに、展示にお金を使ってほしいとお願いしました。しばらく折衝した末、東京国立博物館には、自然光に近い形で照度が変わる展示空間を設け、そこの絵はガラスケースに入れないことに決めました。西岡副館長が、たえず「プライスさんの望みをかなえるように」と言ってくださったのも大きかったですね。

山下　あの展示空間は、画期的でしたね。

プライス　東京国立博物館の展示デザイナーの木下史青《きのしたしせい》さんが設計されたものです。大学では、照明デザインの勉強をなさっていたそうですね。彼は、理想の照明を考えるために、日本館や私の自宅にまで来てくれました。私の家は室内の明るさを、ブラインドや庇《ひさし》によって自由に調節することができるので、光の違いによって、金箔の屏風の見え方がどう変わるか、日中の白い光と夕方のオレンジ味を帯びた光で色調がどう変わるか、掛幅や屏風にとって理想の光の当て方はどうあるべきか、実地に見てもらいました。木下さんは、私の家の光の取り方は、寝殿造りや書院造りなど、日本の古い建築と同じものだとおっしゃって、それと似た環境を、博物館の内側に見事に再現しました。京都でも自然光の展示ができましたし、九州や愛知でもガラスケースに入れない展示が実現できました。ひとえにみなさんのおかげです。博物館の展示方法のあり方を進歩させたと評価される方が多いのは、光栄です。

山下　ほかに展示にあたって、ジョーさんが求めたことはありますか。

プライス　無理にテーマをつくって、展示を構成しないようにお願いしました。たとえば、虎図がいろいろあるので、若冲や蘆雪の虎図を集めて比較するのはどうかという意見もありましたが、かえって若冲や蘆雪それぞれのすばらしさがわかりにくくなるので、やめてもらいました。しかし何もかも自由では、展示順を考えるのに余分な時間を費やしかねませんから、表現の傾向によって、五つのセクションに分けました。それと、一点一点の絵にできるだけ集中できるよう、作品ごとに仕切りをつくりたかったんですね。

これは展示空間の広さや、予算などの都合で、実現できませんでしたが。

山下　展覧会の会期中は、かなり長い期間、ジョーさんは会場に行かれてますよね。

プライス　ほんとうに私のコレクションが、みなさんに喜んでいただけるものか、この目で確かめたかったのです。東京会場では、始まった当初は、美術館に行き慣れている年配の方が多く、私の姿を見かけると、「図録にサインをしてください」と頼む人がいました。それが後半になると若い方の入場が増えました。彼らは、私を見かけると、サインではなく握手を求めてきました。そして口々に「こんなに美しい絵を見せてくれて、ありがとう」と言うのです。私の好きな作品を見た感激を、直接に伝えられる体験は初めてで、私も感動しました。京都会場では、若冲の水墨画をガラスケースに入れずに展示したところ、若い女性が部屋に入ったとたん「墨のにおいがする」と喜んでおられました。もちろん墨の香りが残っているわけはないのですが、それほど筆づかいが新鮮に感じ取れたということでしょう。またある京都のご婦人には「京都の絵師が多いのに、どうして江戸絵画なんですか?」と言われました。これには一本とられたような気持ちですね（笑）。

山下　たしかに江戸時代の絵画を、短くして「江戸絵画」というのは、正確じゃないかもしれませんね。でも、ほかにいい言い方がないんですよ。

プライス　九州の来場者は、子どもからご老人まで、いちばん多彩だったように思います。宮崎県から来たという農家のご婦人が若冲の絵を見て、「この鶏は、うちで飼っているのと同じです」と言われました。九州の軍鶏《シャモ》は、こういう姿をしているらしいですね。漁業関係者の方は魚の話をされるなど、ひじょうにいきいきとした感想をたくさん聞けました。全般に、古い美術は堅苦しいものだと思っていたけど、この展覧会は自由に見られた、江戸時代の美術は何も知らなかったけど楽しめた、という感想が多いのが印象的です。

山下　日本美術をとりまく環境も、ここに来てだいぶ改善されてきたんです。いままでは、過去の遺物として、あたりさわりなく祭りあげてきましたが、最近は、いま、ここにあるものとしてちゃんと見ようという人が増えてきました。

プライス　展覧会なども、これまでは企画する学芸員の方が、自分の業績を発表するために作品を集めるという傾向がありましたね。たいしてよくない作品でも、この画家の経歴を語るうえではずせないといって、展示したりする。展覧会に足を運んでくださる人よりも、ほかの学者の目を気にしている展示が多い気がします。

今後のこと

山下　ジョーさんのコレクションは、日本美術のあり方に、いろんな意味で一石を投じていますね。これからの活動で、何か決められていることはありますか？

プライス　さしあたって、二〇〇七年秋からワシントンＤＣの[*58]フリーア美術館で開かれる、コレクション展を成功させたいと思っています。日本の展示を、そのままアメリカに巡回させるものです。フリーア美術館は、アメリカにおける東洋美術の殿堂ですから、これを機に、江戸時代絵画への評価がさらに高まることを期待します。

山下　美術館外に置かれている、八〇年以降のコレクションについては、どうなさるか方針は決められていますか。

プライス　いまは、さまざまな選択肢を考えているところです。このままいくと、娘が財団を引き継ぎ、管理を続けることになると思いますね。江戸時代の美術を、ファッション・ビジネスに生かすなど、すでにいろんなことを考えているようです。過去にも、若冲の『紫陽花双鶏図』の絵柄を使ったスカーフとか、『虎図』の毛布、其一の絵から意匠をとったグラスなどを見つけてきました。装飾美術としての、江戸時代絵画はまだまだ大きな可能性を秘めているでしょう。そういえば先日、娘がブータンに旅行したとき、私のコレクションが図柄となっている切手を買ってきました。郵便局で見つけて、思わず「お父さんが持っている絵だ」と驚いたそうです。

山下　それは許可なく使用しているのですか？

プライス　そうです。インターネットなどから、図像を見つけたのかもしれませんね。なかなかいい絵を選択してましたよ。いや、私はまったくかまわないのです。ブータンでも、楽しまれていることが愉快でした。

山下　なんともおおらかな(笑)。ところで新しい美術館を建てる計画はありませんか？

プライス　ありませんね。

山下　日本美術をとりまく環境が、少しずつよくなっていますから、そのうち日本の自治体や企業から申し出があるかもしれませんよ。

プライス　残念ながら、いまのところ話はありません。八〇年以降のコレクションにも、酒井抱一の『十二か月花鳥図』や、たびたび話に出た若冲の『鳥獣花木図屏風』など、いいものがたくさんあります。これらの管理を安心して任せられるところができれば、

＊58　フリーア美術館
アメリカ、ワシントンD.C.にある国立美術館。実業家チャールズ・ラング・フリーアの、日本および東洋美術のコレクションの寄贈を受けて、美術品を収蔵管理し、広く展示鑑賞できるようにするために設立された美術館。基金をもとに収蔵品は年々増加しているが、フリーアの遺言により、そのコレクションは門外不出が守られている。日本美術の優品も多く、俵屋宗達の『松島図屏風』もここに収蔵される。京都御所の曝涼でプライス氏が涙する場に居合わせた美術史家の故・山根有三氏は、フリーアで念願の『松島図屏風』と対面したとき、やはり感涙にむせんだと告白している。

それはそれでうれしいことです。ロサンゼルスの日本館で唯一失敗したことといえば、カリフォルニアの天気があまりにもよすぎることですね。晴れた日ばかりが続き、いざ曇ると、今度は空がいっさい雲に覆われる。日本のように風に流れる雲によって、陽射しが少しずつ変化することがないのです。これではせっかく外光を取り入れても、いまひとつ情趣に富みません。もしつぎに美術館をつくることがあるとすれば、さらに理想的な環境になると思います。

山下　これからも、より多くの人にコレクションを見てもらいたいというお気持ちには変わりがないようですね。

プライス　そうですね。娘が管理するようになったとしても、その点は変わらないと思います。若冲も、蕭白も、蘆雪も、誰かに見てもらいたくて、腕をふるったわけですから、作品の保存のために大切にしまいこむのは、意味がないでしょう。滅多に人に見せず、薄暗いところに収蔵すれば、作品は一〇〇〇年もつかもしれません。つねに人に見せることで、その期間が六〇〇年に減るかもしれない。ガラスケースに入れずに自然光に当てることで、寿命がさらに短くなるのかもしれない。しかし、絵にとって、どちらが幸せでしょうか。多くの人に見てもらったほうが、よいに決まっています。鮮明な絵を見た人が、その感動から、また新しい絵を描くこともあるでしょう。世界の美術というのは、そうやって進化してきたではありませんか。

山下　まったくそのとおりですね。形あるものは、いつかは滅びます。しかし人間の脳裏に刻まれた記憶は残り、時代を超えて受け継がれていくものです。いま、世界の美術というお話がありましたが、ジョーさんの視野には、世界的な評価も入っているということですか。

プライス　若冲をはじめとした江戸時代絵画の日本での評価は、今度の展覧会で大いに高まったことがわかりました。つぎは、アメリカ、そして世界へと、その存在を知ってもらいたいと思っております。若冲の絵は、日本だけでなく、世界の美術作品を見渡しても、これほどすばらしいものはないと私は確信しています。しかし、どの国の世界美術全集を見ても、日本の美術作品に割かれるページはまだ少ないですね。水墨画の大家である雪舟や、印象派に影響を与えた浮世絵は少しは知られているかもしれませんが、江戸時代の絵画になるとさっぱりです。アメリカでは日本の美術は、中国美術の亜流だという偏見も、根強く残っている。世界の美術の歴史のなかで、若冲が語られるようにしたい。それが、私の願いなんです。

山下　そのためには、いっそう、日本からも評価の声をあげなければなりませんね。ぼくも頑張ります。ところで、江戸時代の絵画に一途《いちず》にかけるジョーさんの姿は、ますます、一心不乱に絵の道に邁進《まいしん》した若冲の姿に重なりますね。

プライス　最近は顔まで似てきたと、エッコに言われます。残っている若冲[*59]の肖像画は、どれほど本人と似ているかわからないそうですが、眼鏡をとって、髪をくしゃくしゃにすると、私の顔はあの絵とそっくりになるんですよ。そう言われれば言われるほど、うれしいですね。若冲と一体化すること。それこそが、私のいちばんの望みかもしれません。

＊59　若冲の肖像画
明治時代の日本画家・久保田米遷（1852〜1906）が古老の話をたよりに描いた若冲像が、若冲その人の風貌をしのばせる唯一の肖像画。本人に似ているかどうかは、資料が残っていないので判断のしようがない。ただ、プライス氏の風貌に似ているところもあり、プライス氏が興に乗って、眼鏡をはずし髪の毛を両手でかき乱すとそっくりになる。

若冲の肖像画に似てきたプライス氏。すばらしい笑顔が充実した半生の何よりの証明。

プライスさんと建築

建築に造詣が深いプライス氏の思いは、ロサンゼルス・カウンティ美術館の日本館にも表われている。

展示空間に障子越しのような柔らかな光が入るように工夫された外壁を兼ねた採光設備。

理想的な空間で作品が展示・鑑賞されるようにと、夫妻は日本館を寄贈した。

螺旋状のスロープに沿って、自然光のもとで、ガラス越しでなく作品に向き合うというプライス氏の理想を具現化するよう、展示空間は設計されている。

天井の採光口からも美しい展示空間全体に柔らかな光が射し込む。

木を幾重にも重ねて、うねるような外観を生み出す工程を想像するのは、ひじょうに困難である。

周囲の自然に溶け込むかのような有機的なフォルムをもつプライス夫妻の自邸。

プールの上に生えた樹木を思わせる外階段は、海を一望できるプライス氏の書斎に通じている。

太平洋に臨む高台に建つプライス邸。テラスから、
右手はるか彼方に位置する日本に思いを馳せる。

自邸の半地下にある作品鑑賞室。障子越しの光のもとで、時間経過に伴う作品の見え方の移り変わりを楽しむこともある。

バスルームを飾る若冲筆『鳥獣花木図屏風』の右隻。枡目ひとつひとつをコンピュータに取り込んで、タイルで再現したもの。

ジョー・D・プライス氏が
解説する
プライス・コレクション

プライス・コレクションは、アメリカのオクラホマ州、バートルズビル出身の、日本語も日本文化もいっさいわからないエンジニアが収集したものです。しかし、その無知が幸いに転じました。なぜなら、落款も印章もまったく読めず、周囲のこれを買うべきだという勧めもまったく理解できなかったからです。そうするかわりに、ただひたすらに、自分自身の気持ち、作品に対する純粋な愛情と称賛に従ってコレクションを築きました。私にとって日本の江戸時代の画家は、歴史上もっとも高度な技術を備えていた芸術家で、だからこそそれらの作品は調査・研究されて、何より楽しまれるべきだと思います。では、六〇〇点を数える私のコレクションから、選《よ》りすぐりの作品について、お話しいたしましょう。

1．伊藤若冲《いとうじゃくちゅう》『雪芦鴛鴦図《せつろえんおうず》』

この絵と『紫陽花双鶏図』は同じ美術商の所有でしたが、私には一度に両方を購入する余裕がありませんでした。しかも、これにとてもよく似た作品をすでに持っていたのです。しかし、オクラホマの自宅に帰って、以前に購入したその似ている作品をあらためて見てみると、即座に、それが間違いなく贋作《がんさく》だということがわかりました。ところ

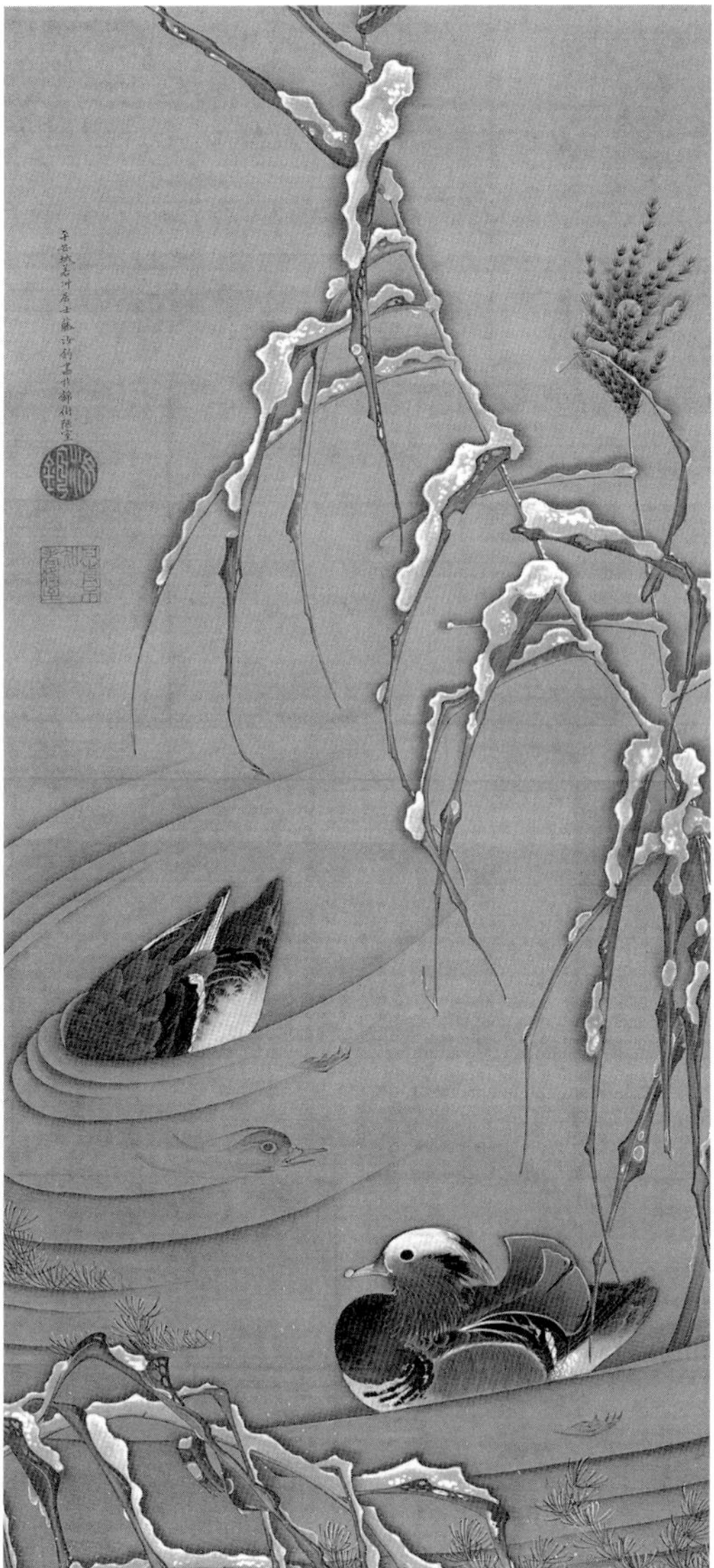

1.
伊藤若冲
『雪芦鴛鴦図』
掛幅一幅

が困ったことに、私は美術商の住所を控えていなかった。そのため、一年半もの間、みじめな思いで過ごし、つぎに私が日本に行くときまでには、美術商はほかの人にあの絵を売ってしまっているだろうとあきらめていました。しかし驚いたことに、若冲に興味をもつ人はいなかったらしく、私が日本に戻ったときに、この作品は、まだ売れずにありました。これほど優れた作品が、こんなにも長期にわたって、しかも低価格で市場に残っていたということは、実際信じられませんでした。

さて、雌鳥の頭が水をくぐる描写にさえ、若冲は生命感を与えています。雪は深く降り積もり、芦《あし》はその重みでしなだれています。色づかいの確かさによって、画面のすみずみまで、雪の日の凍えるような寒さが満ちています。巧みな色づかいは、若冲のきわだった特徴のひとつです。

2. 伊藤若冲『虎図《とらず》』

日本の画家は、虎の毛皮は見ることができました。そこで問題は、その乾いた毛皮から生きている虎を想像できるかどうか、ということです。眼のくぼみの周囲の皮が収縮していたためでしょう、この絵では、眼がひじょうに大きく描かれています。ほかにも

2.
伊藤若冲
『虎図』
掛幅一幅

おかしなところがあって、耳は縮こまって小さく、鼻は平坦で、脚は巨大に描かれています。このような全体のプロポーションや性格づけは、画家の想像力次第です。また、印象的なのは、全体として毛を表わす線描が一貫していることです。日本の画家が毛を描くときはおおむねこのように丁寧ですが、それにしてもこの絵に見られるたいへんな忍耐力と、視覚的なごまかしをいっさい行なわない態度には、やはり驚かされます。

私は日本の虎の絵が好きですが、それは画家がそれぞれに独自性を発揮しているからです。その結果は驚くほどさまざまで、この絵では上方に荒々しく、素早い筆致で描かれた水墨の松と、精確で繊細な虎の表現の対照に、若冲の最上の技術が示されています。

3. 伊藤若冲『旭日雄鶏図《きょくじつゆうけいず》』

じつのところ、「正統的」な鶏の絵は、戯画的あるいはユーモラスにさまざまなしぐさの鶏を描くよりもずっと難しいだろうと思います。真摯にこの鶏の得意げなさまを描くのは、目を引くようなおどけたしぐさを表現するよりも、ずっと才能が必要です。鑑賞者に、この雄鶏が初日の出を告げるときの声をあげていると想像させることができたら、この絵はとても重要な意味をもつ。なぜなら、なんら特別な工夫をせずに、雄鶏の

3.
伊藤若冲
『旭日雄鶏図』
掛幅一幅

得意げなさまを描き出しているからです。

雄鶏は、脚でしっかりと体の重みを支え、褐色の尾羽も荒々しい姿で、松の枝にしっかりと立っています。描かれているすべてのモティーフの配置が見事に決まった構図の一枚です。

4. 伊藤若冲『葡萄図《ぶどうず》』

小さなサイズの絵ですが、若冲初期の水墨画を代表する傑作です。この絵で若冲は、写真のようなという意味での写実には、まったくこだわっていません。つまり、実際の葡萄はこのようには見えないのです。けれども、葡萄という植物の雰囲気、その本質がここには律動感をもって流れるように描き出されています。くっきりとした葉脈をもつ葉の間で曲がる木の節々は、ひじょうに優れた技術で描かれ、空中に漂う触手のように渦巻いています。描かれているのは、葡萄の本質であって現実のそれではないのです。

近づいて観察すると、画面の空間に奥行きが感じられ、葡萄が茂みの中にあるようにみえますが、重ねて描かれているところはありません。筆線はどれも交わらず、互いに接触さえもしていないのです。その技術は息を呑《の》むほどすばらしい。画家は大文字のN

で始まる自然（Nature）を描いているのです。この葡萄の絵には、私が建築家のフランク・ロイド・ライトとともに仕事をするなかで教えられたすべてがあります。

私は、自分が初めて購入したこの絵を含む作品の画家が誰であるのかまったく知らなかったし、気にもとめていませんでした。私を魅了したのは、その本質的な美しさと目をみはるすばらしい技術だったのです。

4.
伊藤若冲
『葡萄図』
掛幅一幅

5. 伊藤若冲『鷲図』掛幅一幅

5. 伊藤若冲『鷲図《わしず》』

画商が、出来の悪い作品に対して使うお決まりの三つの言い訳といえば、「若描き」「老筆」「酔余の作」ですが、この作品はそのひとつ、「老筆」への反証となります（ちなみに『葡萄図』は「若描き」にあたります）。若冲八五歳の署名のあるこの絵は、その生涯でもっとも力強い作品のひとつ、それも絹地に墨で描かれた作品です。若冲はこれほどの高齢になってもなお、自分の能力に絶対的な自信をもち、ただ技術を求めるだけでは描きえない大胆な構図を創出しています。おそらく、画家は自分が近く死ぬことを知っており、得体の知れないものをじっと見つめる自身の肖像としてこれを描いたのではないでしょうか。この絵は、私がとくに愛する若冲の作品です。

6. 伊藤若冲『鯉魚図《りぎょず》』

この力強い作品には、自然な描写の飛び上がる鯉と、それを打ち消すような抽象的な波が表わされています。これは鯉の戯画ではありません。画面全体にわたって見られる墨の「色」の豊かさ、非対称の構図は、まさに若冲そのものです。本図の波を、『鷲図』のそれと比べてみるのも一興かもしれません。

6. 伊藤若冲『鯉魚図』掛幅一幅

右隻

私はかつて、この絵を若冲の真筆と確信しているわけではないと言ったこともありました。鯉のいささか単調な描写は若演《じゃくえん》筆の可能性もあるかと思ったのです。初めてこれを見たときから、画家については疑問をもちました。しかしながら、若演のほかの作品はいずれも寸法がこれより小さく、このような絵は描いていません。つまり、この絵が若冲真筆であることを疑う必要はまったくないといえるでしょう。

7. 伊藤若冲『鳥獣花木図屏風《ちょうじゅうかぼくずびょうぶ》』

この屏風は、それぞれ鳥と動物を同じ方法で描き、対をなしています。鳥はそれぞれ、正方形の枡目に、色をさまざまに組み合わせて表わされています。そして、そのような方法で描かれていても、飛ぶ鳥はほんとうに飛んでいるように見え、枝に留まった鳥

7. 伊藤若冲『鳥獣花木図屏風』六曲一双

は姿勢もしっかりと安定しています。地面にいる鳥は体重を感じさせ、しかもその体重を強い脚が支えています。木に留まる鸚鵡《おうむ》は機敏な様子です。

枡目の色がじつにさまざまであることを、述べておきます。この枡目のように、厳密で幾何学的なパターンは通常、類型的で生気のない表現になりがちです。しかし、鵞鳥《がちょう》は眠らずにあたりを見張っており、その後ろでは仲間の鳥たちが安らかに深く眠っています。このような自然そのものに対する注意深い関心は、独創的ではありますが、それが若冲が絵を描くときの特徴でもあり、彼にとっては「ふつう」のことなのです。

たとえばこまどりは、屏風の下端を散歩しながら、さえずっています。このこまどりがとてもいきいきとして、まるでカメラで撮影されたかのように敏捷な様子は、これ以前に試みられたことのない、正方

右隻

形のなかにさらに色の異なる正方形の色を挿すという方法で描き出されています。若冲はこれらの小鳥や動物それぞれを、枡目と色を異にする方法で組み合わせることによって描いています。ひとつとして同じ方法はありません。つまり、この屛風は究極の想像の産物なのです。

そうした想像性、天才的な技術を知るには、画面の詳細——想像力が鳥や動物にどのように生命感を与えているかをよく観察しなくてはいけません。リラックスしてひとつひとつのモティーフに近づいてよく見て、若冲が鳥や動物をどのように構成して、どのような色づかいによって生命感を表現しているのかを知ってほしい。私には、この屛風は、若冲のつぎの言葉を実現したものに思える。「いまの画家の多くは、技術によって売れることを望むばかりで、技術を超え、それ以上に進むことはできない。私が

8. 伊藤若冲『花鳥人物図押絵貼屏風』六曲一双

ほかの画家と異なるのはその点だ」。実際にはありえない光景を想像して、鳥と動物の生命感を表現するこの作品こそ、「技術以上に進んだもの」ではないでしょうか。そして、このような作品を描くことができる画家、それが伊藤若冲なのです。

8. 伊藤若冲『花鳥《かちょう》人物《じんぶつ》図《ず》押絵《おしえ》貼《ばり》屏風《びょうぶ》』

私にとってこの作品は、若冲の墨画の最高峰です。簡潔かつ精確で、いくぶん抽象的ですが決して戯画的ではありません。すべてが確かな「現実感」をもっています。雄鶏の脚は、地面に置いた片方が体をしっかりと支え、持ち上げた片方はリラックスしてまったく緊張していません。どの線もすべて、こうした現実感を表現するのに寄与していて、無駄なものはまったくありません。一筆描きで表わされた人

9. 曾我蕭白『寒山拾得図』掛幅二幅

物の体を見てください。かすれて始まった線がやがて太く、肥大して、しだいに細くかすかな筋となっていく。若冲の墨画は、すべてこのような高い技術に支えられています。また、「墨の多彩さ」（水中の魚を描いた部分は除きますが）、そして限られた筆線で、すべてが完璧にそれとわかるように描かれていることにも目を向けてください。

9．曾我《そが》蕭白《しょうはく》『寒山拾得図《かんざんじっとくず》』

この絵は典型的な蕭白画で、中国の伝説的な散聖《さんせい》として日本でもよく知られる寒山と拾得を描いています。左幅の寒山は学識の象徴である巻物を手にし、右幅の拾得は謙遜を意味する箒《ほうき》を持っています。蕭白は、通常、若冲や蘆雪とともに奇想派と称される画家ですが、私が見るところ、そのなかで真に奇想と呼ぶにふさわしいのは蕭白ただひとりだと思います。残るふたりは、どの流派にも分類できないというだけです。蕭白の作品は粗放で非伝統的な様式によりますが、その一方で技術的な修練を十分に積んでいることも示しています。どの線も決して交わることなく、構図は伝統的でありながら、それにまったくとらわれず、その結果現われる空間とそこに描かれたモティーフが、つねに見事に調和しています。別の言い方をすれば、じつは蕭白画はまさに日本的なのです。

右隻

左隻

10. 葛蛇玉
『雪中松に兎・梅に鴉図屛風』
六曲一双

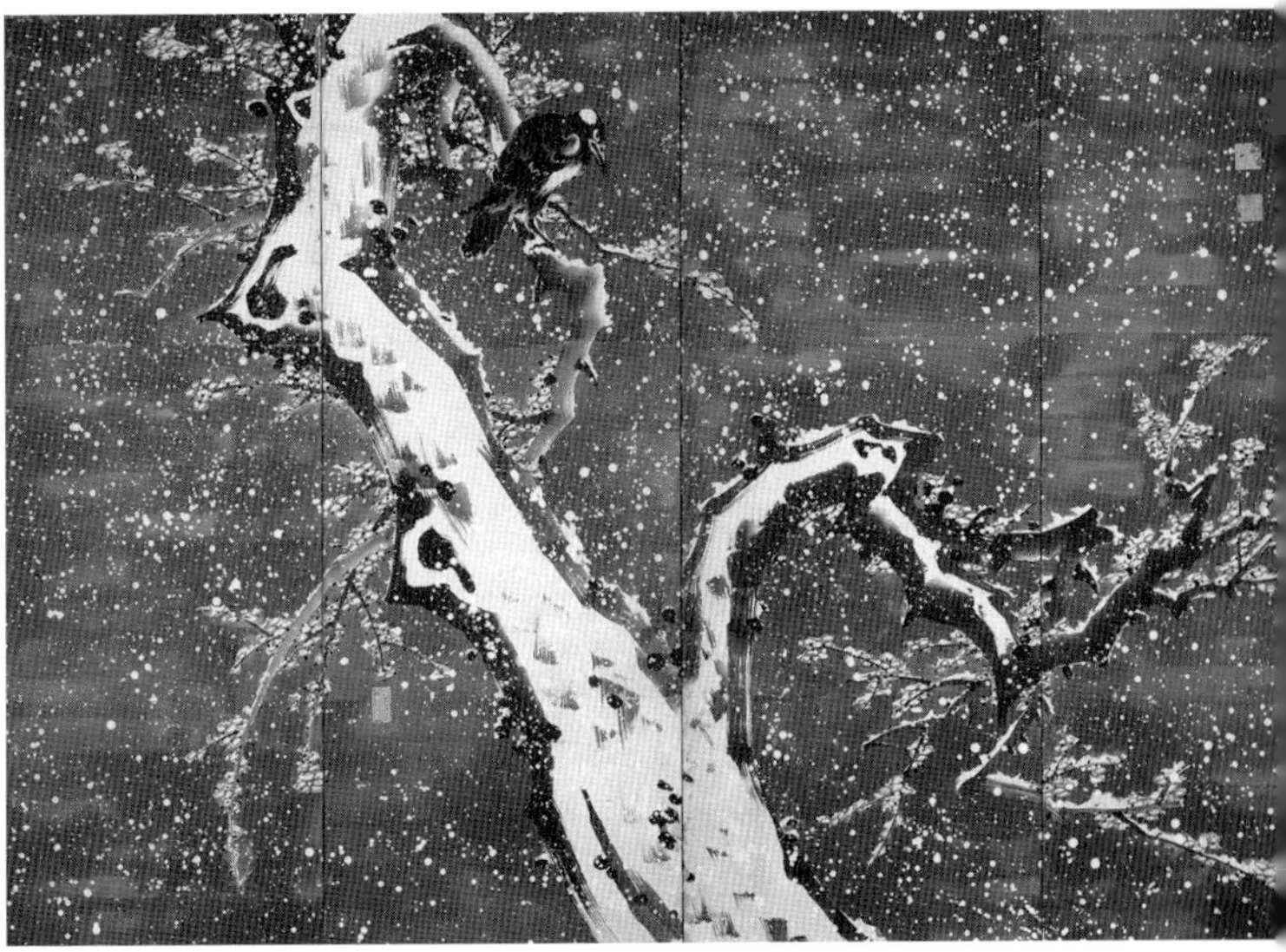

10. 葛蛇玉《かつじゃぎょく》『雪中松《せっちゅうまつ》に兎《うさぎ》・梅《うめ》に鴉図屏風《からすずびょうぶ》』

この屏風には、白の絵具は雪を表わす点々以外にはいっさい使われていない。それ以外の雪に見えるところ、鴉の体の白い部分は、紙そのものの色です。この雪の描法は、いまだに解明できない、じつに興味をそそる問題です。右隻『雪中松に兎図』の第一扇を除くと、雪片はすべて同じ方法で描かれています。これは、画家がこの第一扇で実験をして、残りの画面ではその方法を続けなかったためだろうと考えられます。彼は「その方法をさらに進める」ことにして残りの画面を描きました。その結果、信じられないことですが、ほとんどの雪片が互いにふれることなく配置されています。まるで雪をひとつひとつその場所に手で置いたかのようで、偶然によるる手法で描かれているこの屏風がそうした周到さをもっていることに、何よりも驚かされます。

この屏風は、京都・新門前の骨董《こっとう》街で購入した唯一の作品です。一九六九年にこれを購入した際、店主は信じられないという顔つきで「どうしてこの屏風をお買いになったのですか。無名の画家のとても変わった技法を使った作品ですが」と尋ねた。彼はこの作品を手放すことをとても喜んでいた。それからずいぶんたって、私たち夫婦は日本の雑誌で、ある研究者が、ひじょうに高く評価されていないながら作品がまだ見つかっていない蛇玉山人という画家について報告しているのを目にします。そしてほどなくこの屏風が知られるようになり、ほかのいくつかの作品も明らかになりました。

私たちはこの屛風を購入してから一六年後の一九八五年に、そのひとつ『蘭石鸚鵡図』を手に入れました。

11．『紅白梅図屛風《こうはくばいずびょうぶ》』

この屛風は『桃山屛風大観』（源豊宗編、中島泰成閣、一九三四年）に収載されていますが、掲載作品のなかでも抜群に魅力的な一点でした。両隻ともに花と枝で埋めつくされています。花と枝がこれほど複雑に込み入って描かれているにもかかわらず、春の午後ののどかな風情を醸し出しているのは不思議でさえあります。とくに右隻の構図が興味深く、節くれだった老木の幹が、いったん画面の上端で消え、画面中央の上方からふたたび画面に現われます。詩歌を表わす絵が描かれた短冊が風に翻り、春日の静けさを強調しています。花はぼってりと厚く、ふんわりと描かれていますが、これは胡粉《ごふん》を塗り重ねて表現しています。年代のわりに保存状態はよく、東京・根津美術館に同様の作品（『吉野山、立田川図屛風』）がありますが、それは一隻に桜を、もう一隻には楓を描いています。

右隻

左隻

11.
『紅白梅図屛風』
六曲一双

12. 狩野元信
『老松小禽図・蝦蟇鉄拐図屏風』
二曲一双

右隻

左隻

12. 狩野元信《かのうもとのぶ》『老松《ろうしょう》 小禽図《しょうきんず》・蝦蟇《がま》鉄拐図《てっかいず》屏風《びょうぶ》』

これは初めて購入した屏風ですが、私は長くその大切さをよくわかっていませんでした。ただ、山水の表現が気に入っていたので、これをリビングルームの真ん中に飾っていました。そのため、わが家のちびっ子どものさまざまな遊びに巻き込まれて、枕投げの盾にされたり、卓球のはずれ球が当たったりということもありました。八〇人もが集うパーティで、湿度調節もガラスケースもなしに生き長らえたこともありました。この作品は、一〇年もの長きにわたって、そのような虐《しいた》げられた生活を耐えしのんできたのです。けれども、これが私の手もとに収まるまでの四〇〇年の間にくぐりぬけてきた戦争・火事・疫病・水害などと比べれば、そんな生活さえ永遠を保障しているようなものだったかもしれません。

この作品は美術雑誌『國華』の明治期に刊行された号に掲載されていて、本来は襖であったと書かれています。また、現在は二曲一双の屏風であるが、各隻の画家は異なっていて、おそらく同じ建物の別の部屋の襖だったそうです。右隻『老松小禽図』の山水表現は、狩野派が中国画の方法を取り入れ、それを日本的な美意識によって変容させ使いこなしていたことをよく示していると思います。

右隻

左隻

13. 酒井抱一
『三十六歌仙図屏風』
六曲一双

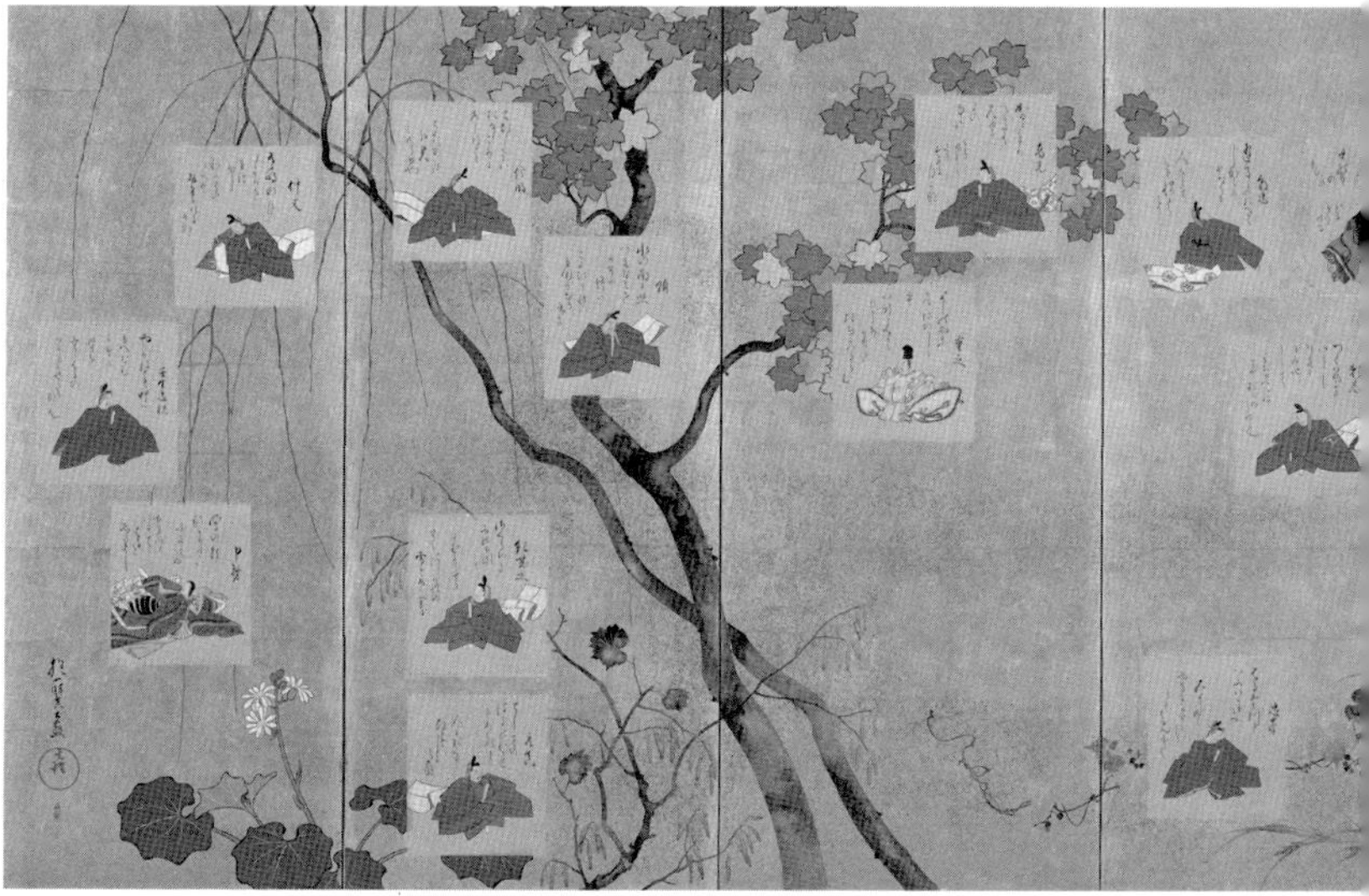

13. 酒井抱一《さかいほういつ》『三十六歌仙図屏風《さんじゅうろっかせんずびょうぶ》』

この屏風は、歌仙の配置から葡萄の葉にみられるたらし込みまで、すべてにおいて完璧で、抱一の優れた技量がことごとく見てとれます。人物を描いても、書においても、硬質で細く正確な線、柔軟で流麗な筆致が認められ、離れ技ともいうべきその技術のすばらしさにおいて、この作品は並はずれています。抱一は、姫路藩主酒井家の次男として生まれましたが、藩主の一族としての責務を逃れ、画家として身を立て、光琳に由来する琳派様式の復興によって、当時もっとも高名な画家のひとりとなりました。その出自ゆえ経済的に恵まれていたので、抱一は最高級の道具や絵具を使うことができたのです。この屏風は、酒井家に伝来したもので、同家が最後まで手もとに置いていた抱一作品のひとつと思われます。縁（木製の枠）の金具に酒井家の家紋が認められます。

青金箔を貼る背地は、ひじょうに明るく、豊かな表情を見せ、この青金箔の上にさらに金粉を撒《ま》いていて、二通りの輝きがみられます。その輝きを実際のとおりに撮影することはほとんど不可能です。この屏風は、おそらくごく内輪で、それも自然光のもとで鑑賞されたのでしょう。絹製の色紙形の下はいずれも何も描かれておらず、抱一が背景の四季草花を描く前に、あらかじめどこに色紙を配するかをきちんと決めていたことを示しています。

14．酒井抱一『佐野渡図屏風《さのわたりずびょうぶ》』

辺境へと左遷される主人と、悲しみに満ちてそれを見送るふたりの従者が描かれています。日本で繰り返し語られたある物語を思い起こさせる情景を、抱一はひじょうに簡潔に表わしています。無駄な、気をそらせるような背景描写や筆線はいっさいありません。馬を形づくる単純な線を見てください。簡潔で均整のとれた線が馬の性質を余すところなく描き出しています。雪は画面のそこここに深く降り積もり、柔らかな光のもとで鑑賞すると、いかにも寒そうな感じがします。その表現効果はむしろ力強ささえ感じさせます。これこそ抱一です。

15．鈴木其一《すずききいつ》『柳《やなぎ》に白鷺図屏風《しらさぎずびょうぶ》』

其一は比較的最近まで、ほぼ無視されてきた画家でした。抱一の愛弟子《まなでし》でしたが評価は低く、まったくといってよいほど顧みられませんでした。けれども、ここにみられる柳は偉大な画家にしか描けないものです。葉と葉の間の明るい空間、そして葉が枝の先端から垂れ下がり、踊るような格好を見せる様子に注目してください。それぞれの、そしてすべての空間に変化がつけられています。其一は、枝を描きはじめる前に、葉の配

14．酒井抱一
『佐野渡図屏風』
二曲一隻

15. 鈴木其一
『柳に白鷺図屛風』
二曲一隻

右隻

置をあらかじめ決めていたに違いありません。白鷺にも、柳と重なる部分はありません。近づいてよく見るとわかりますが、白鷺の白は絹地そのものの色です。木の幹はほぼ一筆で引かれており、そのことが画面に、より簡潔な印象を与えています。それでいて、其一は鑑賞者にあらゆるモティーフをきちんと示しています。そして、その署名は誇らしげに金《きん》泥《でい》で記されています。

16.　鈴木其一『群鶴図《ぐんかくず》屏風《びょうぶ》』

其一は下級武士であったために、師の抱一のように高価な画材を使うことはできませんでした。そのため、この屏風では金箔や銀箔のかわりに金粉を用

16. 鈴木其一『群鶴図屏風』六曲一双

いています。其一は画材の不足を、あふれる才能で補ったといえるでしょう。

ワシントンDCにあるフリーア美術館に、よく似た作品、尾形光琳筆『群鶴図屏風』があります。日本の画家は、先人に倣って作品を制作するとき、まったくの模倣に終わらないように、作品がよりよいものとなるように試行錯誤します。其一による、光琳画の「改良」はじつに魅力的です。

たとえば、光琳画では鶴のくちばしは定規を使ったかのようにまっすぐであるのに、ここではフリーハンドでわずかに丸みをつけて描いています。また、この屏風の片隻の、鶴が群れをなす様子はそのままで配置だけを変え、脚の形をさまざまに描き分け、鶴の頭上の余白をより広げて屏風そのものの丈を高くしています。とくに、鶴と鶴の間の空間のとり方の何気ない工夫は、其一ならではのものがあります。

右隻

17. 鈴木其一『漁樵図屏風《ぎょしょうずびょうぶ》』

初めてこの作品を見たときは、どうにも好きになれませんでした。其一という画家について知り、いま一度作品に対面したときも、まだ美しくない作品だと思いました。其一の重要性についてよくよく認識したあとで、三度目にこの作品に向き合ってようやく評価することができました。漁師と樵夫の体を形づくる抑制の効いた筆線は、まさに其一のものです。花や木を描く線ひとつひとつが、また疑うべくもなく其一です。それならばなぜ、この作品をそんなにも醜いと思ったのか。私に不快感を与えていたのは、丘の周囲を水平に流れる川や、顔の丸みのつけ方でした。

其一はペリー提督の日本来航のころにもまだ存命でした。二五〇年にわたって鎖国を続けていた日本は、西洋の知識や文化を渇望していました。この絵

17. 鈴木其一『漁樵図屏風』六曲一双

で其一は、西洋の遠近法・陰影法を試みているようですが、それらが琳派的な特性を破壊しているのです。琳派は平面描写を基本とします。円山四条派が本来の様式と西洋の遠近法を折衷するのとは異なり、琳派によるかぎり西洋的な方法は相いれないのです。しかし本屏風は、その筆づかいと、主題を故事・説話とする点において、古来の日本的なるものにいまだ深く根ざしているということができます。この絵は、続く明治期に現われる近代的な様式への刺激となったと思われます。

18. 中村《なかむら》芳中《ほうちゅう》『草花《くさばな》図《ず》扇面《せんめん》貼交《はりまぜ》屏風《びょうぶ》』

芳中は、初め保守的な様式によっていましたが、やがて独自の特徴ある様式を展開し、同時代の画家のなかでもぬきんでた存在となりました。まるで子

18.
中村芳中
『草花図扇面貼交屏風』
二曲一隻

19.
中村芳中・鈴木其一
『扇面貼交屏風』
二曲一隻

どもが描いたような単純な様式ですが、ひじょうに真似《まね》のしにくい、贋作をつくりにくいものなのです。簡単そうにみえますが、この様式に挑戦した人はみな、おおむね失敗しています。私は、最初は芳中の作品を評価していませんでした。というのは、私がそれまで魅力を感じてきた美術的な伝統とはかけ離れていたからです。しかし、妻のエツコは、私が芳中を認めるずっと前からこの画家を絶賛していました。

19. 中村芳中・鈴木其一『扇面貼交屏風《せんめんはりまぜびょうぶ》』

この屏風は、芳中がいかにすばらしい画家であるかをよく示しています。初期のピカソがそうであるように、優れた技術をもつ画家の初期作品はその才能を証明し、後年の、より抽象的な作品への信頼を生みます。芳中は琳派の伝統をよく習得したうえで、より奔放で、論議を呼ぶ様式へと発展させたのです。

開かれた扇にはいずれも芳中の落款があり、屏風の上に貼り付けられています。扇の骨や半分開かれた、あるいは閉じた扇はすべて其一によって描かれています。おそらく、これは其一による芳中画扇面のコレクションなのでしょう。其一は『追加　菁々其一』と署名しています。

20. 酒井抱一『十二《じゅうに》か月《げつ》花《か》鳥《ちょう》図《ず》』

抱一による、この一二幅の花鳥図と同様のセットが、宮内庁三の丸尚蔵館に所蔵されています。この二つのセットは、四季の花鳥を描くという主題においては共通しますが、構想はかなり異なっています。私のコレクションのセットが鳥と虫に描写の重点をおくのに対し、宮内庁本は花を主としています。ここでの鳥はどれも個性的で、まるで生きているかのようで、決してこわばっていたり、静的ではありません。どの幅も、簡潔で、

20. 酒井抱一『十二か月花鳥図』掛幅一二幅

無駄なものを排除し、必要なものを強調する描線からなる傑作です。江戸時代の日本の絵画は、このような、最高のレベルに達していたのです。抱一は、自然に材をとりながら、実際の自然そのままではなく、より自然らしいものを描き出しています。

21. 鈴木其一『群舞図《ぐんぶず》』

私が最初に購入した作品のひとつです。この絵はこれまであまり出版物に掲載されたことはありません。なぜなら、琳派の研究者はこれを浮世絵だといい、浮世絵の研究者は琳派だと主張するからです。それはこれが幅広い表現によっているためで、この絵の何に注目するかで、その鑑賞者の関心を知ることができます。踊り手たちの間の空間は、踊り手たちそのものよりも動きをつくりだしています。どの二本の線も決して交わることなく、作品全体を通じて絵具の層はひとつで、塗り重ねられている部分はありません。扇の地は、何も描かれていない絹地そのものの色で、モティーフを表わす線はすべて途切れることなく、別のモティーフへとつながっていきます。そのために鑑賞者の視線は難なく、すべての人々を見渡すことができるのです。

21.
鈴木其一『群舞図』
掛幅一幅

22. 鈴木其一『貝図《かいず》』

この絵を購入した当時、日本ではこれは欲しがる人のいない、特別重要でもない作品でした。これほど技術と想像力に優れた傑作であるにもかかわらず、です。この絵は、おそらく其一が西洋の静物画に触発されて、その雰囲気を自分の技術によって懸命に再現しようとしたものでしょう。貝殻の筋は、慎重にゆっくりと描かれているわけではありません。すべての線が、下描きなしに一筆で描かれています。それはいったん描いたら、決して描きなおすことのできない線です。目を凝らしてこの絵を見ると、ただもううっとりしてしまいます。いかに大きく拡大しても、その筋がただ一筆で引かれていることは間違いありません。この離れ技のような描写はじつに想像を絶します。金泥で描かれた葉にも眼を向けてください。簡潔で均整がとれた線は、ゆるがず、まさに正しい位置におさまっています。葉と葉の間の空間も注目に値します。その空間が画面全体のバランスを整え、主要モティーフではない葉のひとつひとつを、まるでダンスをしているかのように見せています。其一が世界でもっとも優れた画家のひとりであることは、この絵に明らかです。

22. 鈴木其一『貝図』掛幅一幅

23. 鈴木其一『青桐《あおぎり》・楓図《かえでず》』

この絵は背景の空間を完璧に使いこなした作品です。葉と葉の間の空間は、葉そのものよりも重要な役割を果たしています。このような背景空間の巧みな使い方は、小さな楓の葉の描写にも同様に見ることができます。どの二枚の葉も決して重ならず、すべての葉の間の空間は周到に計算されています。琳派の真の巨匠たちはみな、こうした確かな技術を備えていました。其一が雨と葉とどちらを先に描いたのか、考えてみるのもまた魅力的です。この絵は、日本絵画において、自然を凌駕《りょうが》し、それを、よりすばらしいものとして描き出す試みの最高峰に位置する作品だと思います。葉と雨だけの単純な絵ですが、まさに大文字のNで始まる自然（Nature）を表現しています。

24. 鈴木守一《すずきしゅいつ》『草花図《くさばなず》』

なんと楽しい絵でしょうか。私はこれまでも描表装《かきびょうそう》の作品を多く見てきましたが、その大部分はだまし絵か幽霊図でした。幽霊図の場合、絵があまりに恐ろしいために、画家が表具を請け負う職人を見つけられず、自分で描くことになったのでしょう。では、この絵はどうでしょう。絵のなかの花々は表装よりも優れているでしょうか、それとも表装が絵を凌駕しているでしょうか。絵を描いた画家と表具裂《きれ》を織った架空の職人と、

23. 鈴木其一『青桐・楓図』掛幅二幅

24.
鈴木守一
『草花図』
掛幅一幅

どちらも特別に優れた技術をもったふたりの芸術家がいたようにみえるに違いありません。この絵は、かつてフランク・ロイド・ライトが私に語ったことを思い起こさせます。「医者は自分の過失を埋めることができるが、建築家ができるのは蔦《つた》を植えることだけだ」と。この絵において、守一はその蔦で自分の絵を囲んでいるようにみえます。

守一は、ほとんど世間に紹介されていない琳派末期の画家のひとりです。彼の作品はほかにあるのでしょうか。それは、この絵のように遊び心のある、ユニークなものでしょうか。ここでは絵と表装はふたつでひとつであり、どちらが欠けても成り立ちません。

25. 亀岡《かめおか》規礼《きれい》『虎図《とらず》』

この絵は虎図の好例です。規礼は虎の毛皮をよく観察したのでしょう。筋骨たくましい背中は波打っているようにみえます。毛の一本一本を描き出す描線を詳細に観察すれば、背中に沿って毛がかすかにうねっていて、それがいきいきとした表現になっていることがわかります。虎の毛を描く場合、短く几帳面な描線を重ねる作品が多いのですが、規礼の筆線はより自在で自然なものにみえます。頭部の丸みのつけ方から頭部と胴体のつながり具合まで、すべてがひじょうに写実的です。

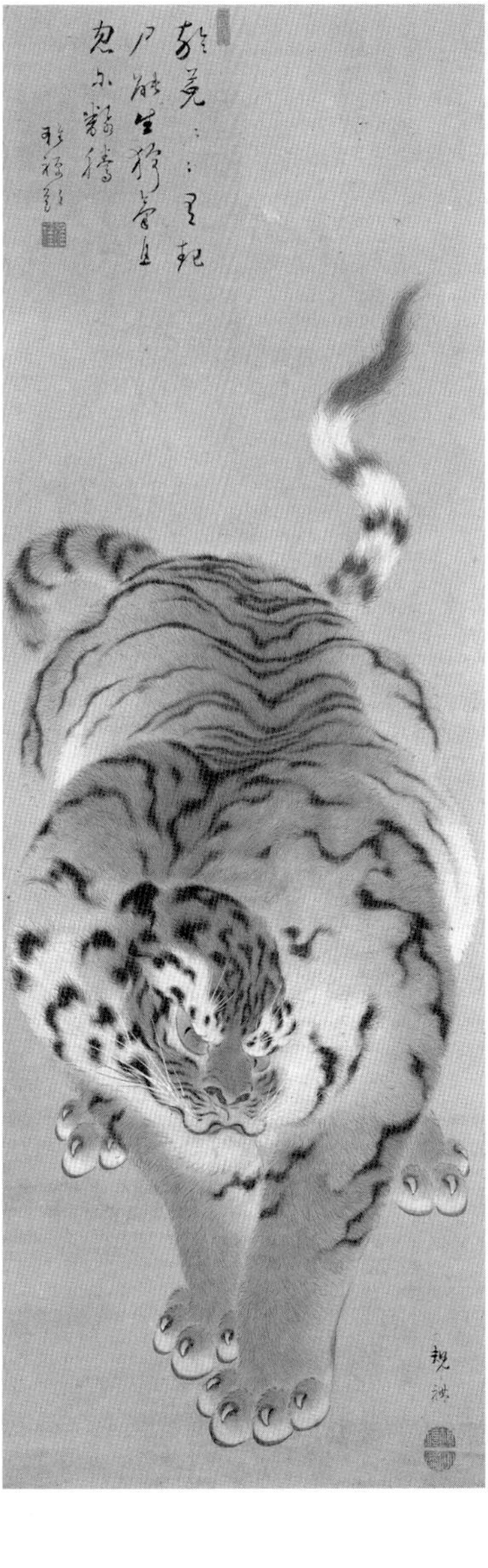

25.
亀岡規礼
『虎図』
掛幅一幅

日本の画家は虎の毛皮を見ることはできましたが、生きた虎そのものは見ることができませんでした。そのため、虎を描くときは毛皮をもとにして想像力をはたらかせる。しかし、どんな画家の作品も、目の部分は大きくなり、耳は縮こまってほとんど見えなくなり、鼻は平らになってしまっています。頭部に丸みをつけて描こうとして、滑稽になってしまうこともあります。四本の脚は体の下の奇妙な位置に配されます。この絵の虎の鼻から上を覆ってみると、構図そのものは笑わずにはいられない少しおかしなものです。けれども、私は日本の画家たちが生命感ある虎を描こうとして苦心した結果である、こうした構図を愛してやみません。

26. 源琦《げんき》『虎図《とらず》』

日本の画家は、いったいどのようにして、虎の毛を一本一本丁寧に描いて体全体を覆うという手間のかかる作業を、一貫性をもった描写でやり遂げることができたのでしょうか。広い体を早く覆うために、より太く長い線を使いたいという気に、きっとなったでしょうに。日本人画家が表わす虎がこのように魅力的なのは、毛皮を観察することしかできないなかで、想像力によって虎全体を具体的に描き出しているためです。

26. 源琦『虎図』
掛幅一幅

この源琦の虎図と亀岡規礼の『虎図』とを比べてください。前者の毛皮は針金のようで、後者は上手なブラッシングが必要なようにみえます。前者の虎に筋肉を思わせる表現はありませんが、規礼の虎は見るものに向かって歩いてくるかのように波打っています。ふたりの画家の想像力は異なる方向にはたらいていますが、どちらの虎もともに「日本的」です。どちらも絹に描かれていますが、いずれもともかく、すばらしい。

27. 呉春《ごしゅん》・松村景文《まつむらけいぶん》『柳下幽霊図《りゅうかゆうれいず》』

おそらく、呉春が幽霊を描き、弟の景文が柳の「表具」を描いています。幽霊図が錦などの裂《きれ》を用いて表装されることは、ごくまれです。それは幽霊に対する一般的な日本人の迷信のせいに違いありません。

27．呉春・松村景文『柳下幽霊図』掛幅一幅

おそらく、表装を請け負ってくれる表具師を見つけることが難しかったのでしょう。このような絵を家に入れることを許す人はきわめて少なかったでしょうし、それゆえ、幽霊図はこの時期から相対的に少なくなります。しかしながら、後年になると幽霊を描いた浮世絵版画が多数制作されます。人物に足を描かないことで、これが幽霊だということを示す古典的な方法にも注目してください。ただし、足を描かなくても、幽霊であることは明白ですが。

本図を買って数年の間、私は自宅に持ち帰ることができず、仕事場に置いておくように妻に強《し》いられました。私は数回、こっそりと湿度管理された自宅の倉庫に運び戻そうと試みましたが、そのたびに、妻がこの幽霊にかかわるひどい悪夢で目を覚ましました。ついに、ある日、妻がこう言いました。「昔、あなたが買った幽霊の絵を覚えているかしら。私はたったいま、彼女と仲直りしたわよ。あなたは彼女を家に連れてくるといいわ」。私はそれに従いましたが、それ以降、妻が悪夢を見ることはありませんでした。日本の幽霊をとりまく力と信心は、そうしたものです。

28. 森狙仙《もりそせん》『梅花猿猴図《ばいかえんこうず》』

多くの研究者が認めるところですが、動物の毛が柔らかく描かれていたら、それは狙仙の作品に違いない。狙仙画には、この毛描きに加えてふたつの重要な特徴があります。ひとつは、すべての手足がその役目を果たしているということ。猿の体重を支える足は必ず緊張しているし、地面から離れた足はリラックスしているようにみえます。蔓《つる》をつかむ手はそれを堅く握っているし、昆虫をつかむ手は逃がしてしまわないように適度に握られています。コオロギをつかむ手の細部を見てください。小さな握りこぶしの力加

29.
森狙仙『猿図』
掛幅一幅

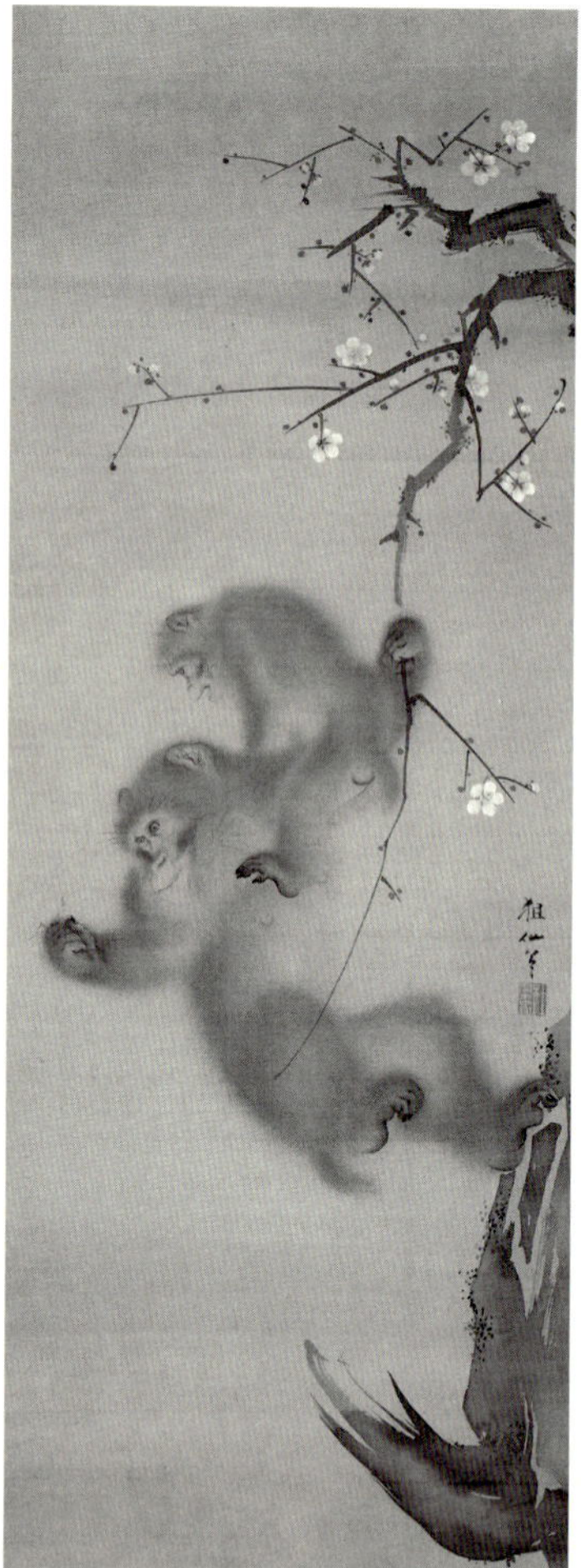

28.
森狙仙『梅花猿猴図』
掛幅一幅

減を的確に表わしています。ふたつめの特徴は集中力です。猿の目が、餌などの対象を注視していることです。本図は見事にそれを表現しています。

29. 森狙仙『猿図《さるず》』

私が狙仙の作品を入手しはじめたころ、たしかに思えたことは、狙仙は絵を描くために人間の姿になっている猿なのだろう、ということだけでした。猿と蜂が描かれたこの絵を見いだしたときには、そう信じ込もうとしました。ただの人間が、いったいどのようにして猿をこれほど素早く、しかも毛皮の下のすべての筋肉、悪ふざけの表情、蜂を捕まえて刺されることを想像しているように緊張で縮こまった小さな爪先などを表現できるでしょうか。この絵は長く私のお気に入りの一点です。辛抱強く地面に座り、蜂との距離を測っている、この小さな猿が私は大好きです。

ある日、展覧会で、父親が小さな息子に話しているのを聞きました。「見てごらん、お猿さんが空中に飛び上がって、蜂に刺されて、いま、地面に落っこちたところだよ」。それ以来、私はこの絵を両方の解釈で鑑賞するようになりました。狙仙は不必要なものはすべて省き、鑑賞者の想像力に多くをゆだねる画面をつくりあげているのです。

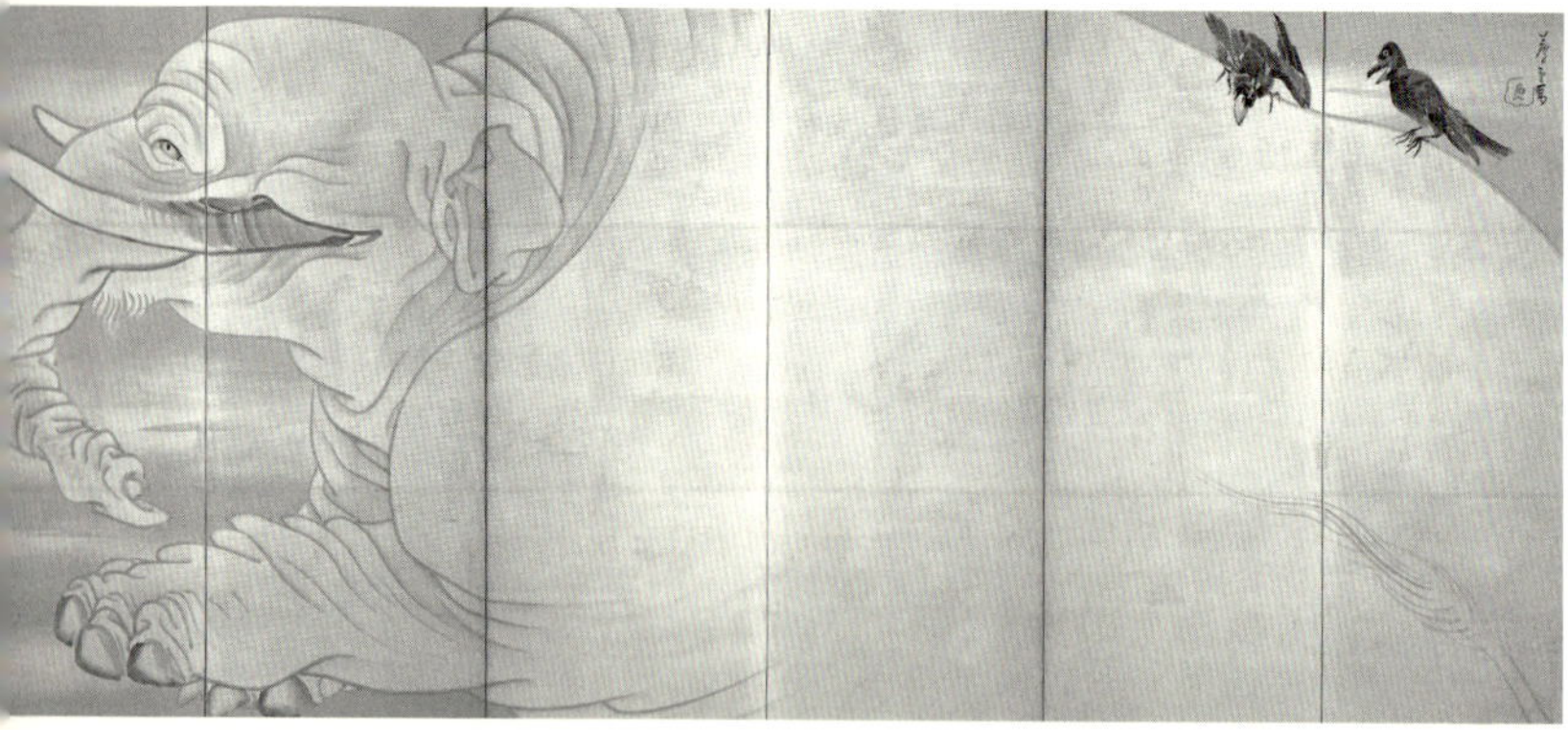

右隻

30・長澤《ながさわ》蘆雪《ろせつ》『黒《こく》白《びゃく》図《ず》屏風《びょうぶ》』

この絵は蘆雪のすばらしい才能を示しています。このような作品はこれ以前に描かれたことがなかったし、仮に江戸時代絵画に必要な技術を授けられ、修練を積んだとしても、再現することは絶対に不可能でしょう。牛の鼻孔に通された鼻輪にふれられそうな感じがします。

屏風は、撮影するときは平らに広げた状態にしますが、通常、鑑賞のために立てているときは折り目によって三次元的な空間を演出しています。この絵の牛の頭は第一扇のあたりで曲がっているので、鑑賞者にまっすぐに向かってくるようにみえます。一見したところわかりにくいかもしれませんが、各扇それぞれが、ひじょうにバランスのとれた構図で描かれています。たとえば、牛の肩が描かれている扇は、この一扇だけでたいへん美しく印象的な構図と

30. 長澤蘆雪『黒白図屏風』六曲一双

して成立しています。このように各扇それぞれが慎重に構成され、そのうえで対《つい》となる二扇ごとにさらに整った構図を見せています。こうした構図になっているのは、屏風が二扇ごとに後ろに折り曲げられ、いわば大きな谷間のような格好になるためです。つまり、屏風を折り曲げて立てるときに、谷間によって絵の出来栄えが損なわれるのではなく、谷間が絵の一部となるようにするのです。作品をそのように構成するのは、細密描写による大画面においても十分難しいですが、本図のようにのびやかな筆づかいで表わされた大画面作品において実現するのは、まさに偉業としかいいようがありません。

この絵はできるならば薄明かりのもとで鑑賞するのがいいでしょう。薄暗い光は地に塗られた金を強調し、画面全体により大きなコントラストを生み出します。影はまたこの作品の大きなサイズも誇張し

右隻

左隻

てみせます。私は、小さな白い子犬が巨大な黒牛に守られている様子を見ると、「よい友をもつのはなんとすばらしいことか」といつも思います。

31. 円山応挙《まるやまおうきょ》『懸崖《けんがい》飛泉《ひせん》図《ず》屛風《びょうぶ》』

ここで応挙は、壮大な山水図を、細部を丁寧に描くことなく描き出しています。明かりを少しおとして、椅子に深々と腰掛けてこの絵を眺める、それだけで、じつにすばらしい時間を過ごせます。この屛風は、ほかの作品のように、近づいて細部を見る必要はありません。というよりも、実際にこの絵を前にすると近寄ることができないでしょう。適切な距離をもって鑑賞すること、それがこの絵を楽しむコツです。応挙は、郊外の静謐《せいひつ》で霧深い日の様子を表わそうとし、それを正確に描き出しています。すべての線は慎重で抑制が効いています。また、余白にみえるところは、じつ

31. 円山応挙『懸崖飛泉図屛風』四曲・八曲一双

は余白ではありません。それは鑑賞者の視線を作品に導くための、一連の微妙に変化する陰影なのです。見れば見るほど、「何も描かれていない」ところが多く、陰影のつけ方がじつに微妙で、まったく見落としてしまうこともあるかもしれません。

この屛風は、明らかに特定の建物内の、特定の位置で使用するために注文されたものです。左隻は八曲で、右隻は各扇の幅がそれよりも少し広い四曲の屛風からなり、両隻の高さは同じです。応挙は周到にも、鑑賞者からもっとも遠くに位置する、右から数えて一、三、五、七番目の蝶番《ちょうつがい》に遠景を配し、逆に二、四、六番目の蝶番には鑑賞者に向かってせり出してくるような構図を用いています。このような三次元の効果は、屛風を平らにして眺めると失われますが、アコーディオンの蛇腹のように折り曲げて立ててみると見事に生きてきます。

青と緑の彩色が、それと認めるのが困難なほどかすかに施されています。滝は白い絵具で描かれているようにみえますが、そうではありません。屛風全体にわたって何も描かれていない余白が多くあるようにみえますが、それも違います。各扇はそれ単体で独立した構図をもち、掛軸として表具することさえ可能です。二扇ごとではより整った構図をなし、それはどの三扇、四扇を選んでも同様でしょう。ともかくも、この作品、一二扇全体を見て楽しむことだけに専念してください。

32. 雅熙『百福図』
掛幅一幅

32. 雅熙《まさひろ》『百福図《ひゃくふくず》』

雅熙はほとんど知られていませんが、江戸末期に活躍した優れた大坂の画家です。この絵には全員がお多福顔の、愉快な女性一〇〇人が描かれていて、当時の女性のあらゆる職業を表わしています。そのうち三〇人ほどの姿が『北斎漫画《ほくさいまんが》』にみられます。宮廷の女官から湯女《ゆな》、産婆から三味線弾きまでが描かれ、米俵を運んでいるひとりの女性を除いて、みな楽しげにしています。

ほんとうに楽しい作品であり、誰もが楽しめます。人物の配置はたいへんバランスがとれていて無理がなく、難なく作品全体を見渡すことができるのです。

33. 礒田湖龍斎《いそだこりゅうさい》『雪中遊女図《せっちゅうゆうじょず》』

この絵はもっとも優れた肉筆浮世絵の一点であり、版画を凌駕する筆技のすばらしさを堪能《たんのう》できます。湖龍斎は版画でも有名ですが、この絵に明らかなように、肉筆の腕も超一流でした。

冬の薄暗い部屋にこの軸を掛けると、画面がいきいきとしてきます。半ば雪をかぶった美人のありさまを身近に感じられるからです。湖龍斎はその雰囲気や趣をよく伝えて

33.
礒田湖龍斎
『雪中遊女図』
掛幅一幅

います。彼女は恋人を待っているのでしょうか。こんな吹雪の夜に、なぜこのような薄物をまとっているのでしょう。彼女の顔に浮かぶ心配そうな表情は同情を喚起します。彼女のことを知りたくなります。着物の細部は、赤い下着がちらちらとのぞく様子を描いて、上品に仕上げられています。この絵は私のお気に入りの作品のひとつです。

34. 岡本《おかもと》秋暉《しゅうき》『波浪飛燕図《はろうひえんず》』

この絵は、フランス人が印象派やアール・ヌーヴォーを「発明する」よりもはるか以前に制作されました。まさに天才の作品です。秋暉は南蘋《なんぴん》派とされていますが、ここには南蘋派にありがちな、すばらしい技術をあえて隠すそぶりはみられません。

この作品が、一五〇年以上も前の鎖国時代の日本で描かれたものだと想像できるでしょうか。とてもそうは思えないでしょう。日本の画家たちがこの絵のような作品に囲まれて腕を磨いているころ、ようやく西洋の画家たちが俗っぽい浮世絵版画に熱狂しはじめたのも不思議ではありません。本図が中国画に由来するという意見があるかもしれませんが、私は日本以外でこのような作品を見たことがありません。日本人は伝統的に、異文化に着想を得て、それを自分のものとして咀嚼《そしゃく》し、改良してきました（車やカメラ

34.
岡本秋暉
『波浪飛燕図』
掛幅一幅

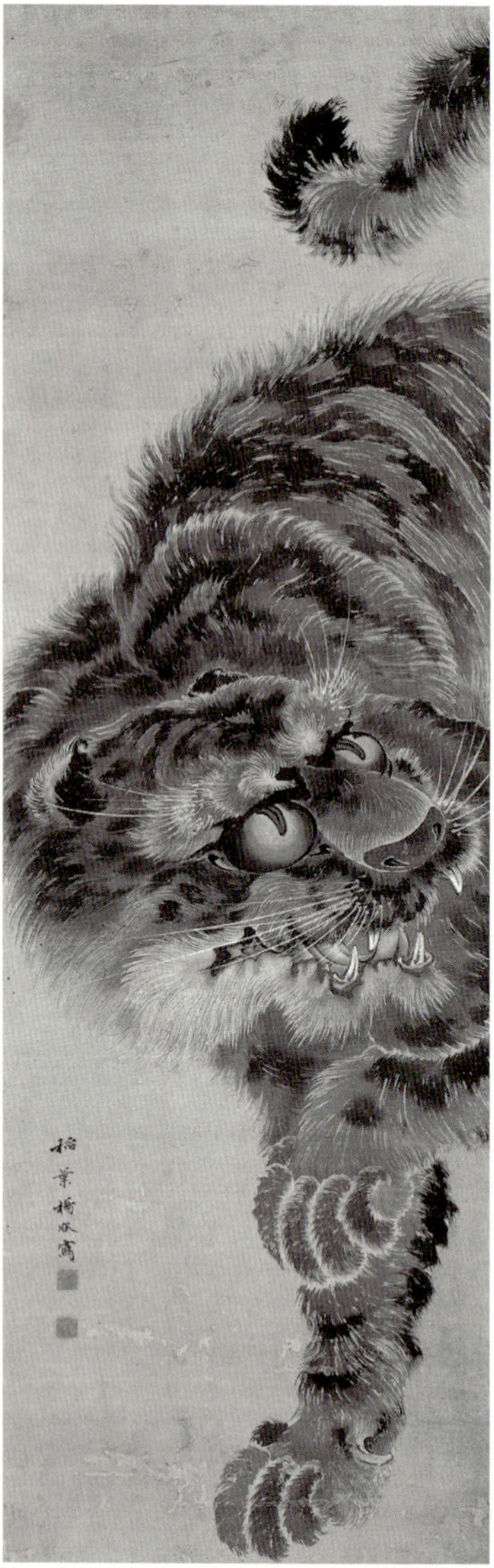

35. 片山楊谷『虎図』掛幅一幅

の例を考えればわかるでしょう）。しかし、この絵のように南蘋派の形式を用いつつ、それを劇的といってよい力強い画面に仕上げるのは、まさに天才の技です。

35. 片山楊谷《かたやまようこく》『虎図《とらず》』

この虎図は最良の、そしてもっともおもしろい作品のひとつです。白い絵具が用いられているのは、ひげだけ。毛皮の白い毛の一本一本は、何も描かない絹地そのものの色なのです。これは、いわば消極的な描法といってよいでしょう。この難しい描法をこれほど上手にこなすのは並みたいていのことではありません。白い絵具がひげにしか使われていないということに気づく鑑賞者はまずいないでしょう。脚の部分に限っても、この描法が実際どのようになされているのかは、なかなか見きわめにくいです。

画家紹介（登場順）

酒井抱一／さかい ほういつ
宝暦11～文政11年（1761～1828）
江戸中～後期の琳派の画家。姫路藩主の次男として江戸に生まれる。画は諸派を広く学び、書、俳諧にも優れた。尾形光琳（おがたこうりん）に傾倒、光琳芸術の再興を志した。代表作は、『夏秋草図屏風』(東京国立博物館）など。

鈴木其一／すずき きいつ
寛政8～安政5年（1796～1858）
江戸後期の琳派の画家。江戸に生まれる。酒井抱一の内弟子となり画を学ぶ。抱一の画風を踏襲しつつも、鋭い造形感覚と明晰な装飾性をもつ画風を確立し、異彩を放った。代表作は『夏秋渓流図屏風』(東京、根津美術館）など。

中村芳中／なかむら ほうちゅう
？～文政2年（？～1819）
江戸中～後期の琳派の画家。京都に生まれる。大坂で活躍し、木村蒹葭堂とも交流。尾形光琳に私淑し、たらし込みを多用した装飾的画風で、人物・草花を多く描いた。江戸で『光琳画譜』を出版し、のちに江戸で琳派が広まる要因をつくった。代表作は『四季草花図屏風』(ロンドン、大英博物館）など。

鈴木守一／すずき しゅいつ
文政6～明治22年（1823～89）
江戸末期～明治時代中期の琳派の画家。江戸に生まれる。琳派の画家・鈴木其一の長男。父・其一に学んで琳派の画に優れた。とくに、華麗な花鳥画を得意とした。

亀岡規礼／かめおか きれい
明和7～天保6年（1770～1835）
江戸中～後期の円山派の画家。京都に生まれる。山本派六代の画家・山本守礼の養子といわれる。守礼とともに、画を円山応挙に学び、応門十哲（おうもんじってつ）のひとりといわれた。花鳥画を得意とする。

伊藤若冲／いとう じゃくちゅう
享保1～寛政12年（1716～1800）
江戸中期の画家。京都・錦小路の青物問屋に生まれる。23歳で父親が亡くなり、長男の若冲が跡を継いだが、絵を描くことへの思い断ちがたく、40歳で弟に家督を譲り、その後は絵の道に邁進する。初め狩野派の画を学んだが、中国の宋元明画を広く研究、さらに庭に鶏を飼ってその姿形を写すなどし、緻密な細部描写と華麗な彩色を用いた独自の画風を築いた。代表作『動植綵絵』(宮内庁三の丸尚蔵館)。

曾我蕭白／そが しょうはく
享保15～天明1年（1730～81）
江戸中期の画家。京都に生まれる。高田敬輔（たかだけいほ）に学んだといわれる。伊勢国など各地を放浪して絵を描き、奇行の逸話を残す。室町時代の画家・曾我蛇足の末裔を自称。水墨画にも優れ、また大胆な空間把握と鮮やかな彩色の独特な画風は、異彩を放つ。代表作は『群仙図屏風』(文化庁）など。

葛 蛇玉／かつ じゃぎょく
享保20～安永9年（1735～80）
江戸中期の南蘋派の画家。蛇玉山人ともいう。大坂で活躍した。狩野派の橘守国（たちばなのもりくに)、南頻派の鶴亭に画を学んだと伝えられる。のちに、中国の宋元画を研究し、一家をなした。鯉の画を得意とし、鯉翁と呼ばれた。

狩野元信／かのう もとのぶ
文明8～永禄2年（1476～1559）
室町後期の画家。狩野正信（まさのぶ）の子として山城国に生まれる。足利家の御用絵師になり、内裏小御所襖絵（だいりこごしょふすまえ）を担当するなど宮廷・公家とも関係を深める。中国の宋元明画に学びつつ、やまと絵も取り入れ、それらを融合、狩野派の基礎の確立者となった。代表作は、京都・大徳寺大仙院襖絵『花鳥図』など。

円山応挙／まるやま おうきょ
享保18〜寛政7年（1733〜95）
江戸中期の画家。丹波国に生まれる。鶴沢派の画家・石田幽汀（いしだゆうてい）に画を学ぶ。若いころ、眼鏡絵制作に携わって西洋画の透視図法を習得したほか、中国の古画や清（しん）朝絵画の写実技法をも研究した。写生を重視し、新様式を確立、円山派の祖となる。代表作に『雪松図屏風』（東京、三井記念美術館）など。

＊雅熙は伝歴不明のため、所載しておりません。

礒田湖龍斎／いそだ こりゅうさい
享保20〜？年（1735〜？）
江戸中期の浮世絵師。江戸に生まれる。初め鈴木春広（はるひろ）と名のり、鈴木春信ふうの美人画を描く。のちに湖龍斎と号した。安永年間（1772〜81）に自己の様式を確立、美人画に優れ、鳥居清長（とりいきよなが）に影響を与えたといわれる。1782年、仁和寺より法橋を叙任される。晩年は肉筆画を多く描いた。代表作は大判錦絵連作『雛形若菜（ひいながたわかな）の初模様』など。

岡本秋暉／おかもと しゅうき
文化4〜文久2年（1807〜62）
江戸後期の画家。江戸に生まれたと考えられる。小田原藩に仕えた。初め大西圭斎（おおにしけいさい）、のち渡辺崋山（わたなべかざん）に学び、関東文人画の末流に位置する。南蘋派の影響もみられる。精緻な写生を基礎にした装飾的な花鳥画も得意とした。代表作は、小田原城障壁画など。

片山楊谷／かたやま ようこく
宝暦10〜享和1年（1760〜1801）
江戸中〜後期の画家。長崎に生まれる。父は中国人だったともいわれる。母を亡くしたのち、諸国を放浪、因幡国で池田定常（いけださだつね、冠山）に画を認められ、同地の茶家・片山家を継いだ。花鳥画を得意とした。異様な風体をし、はなはだ酒を好んだといわれる。

源琦／げんき
延享4〜寛政9年（1747〜97）
江戸中期の円山派の画家。京都に生まれる。円山応挙に師事、高弟として長澤蘆雪とともに、応挙門下の二哲（にてつ）と称される。花鳥画や唐美人画に優れた。代表作は兵庫県大乗寺障壁画『梅花遊禽図』など。

呉春／ごしゅん
宝暦2〜文化8年（1752〜1811）
江戸中〜後期の画家。四条派の祖。京都に生まれる。初め大西酔月（おおにしすいげつ）に画を学び、与謝蕪村（よさぶそん）に俳諧・画を学ぶ。円山応挙の画風の影響を受け、蕪村画風と融合した新様式をつくる。代表作は『白梅図屏風』（大阪、逸翁美術館）など。

松村景文／まつむら けいぶん
安永8〜天保14年（1779〜1843）
江戸後期の四条派の画家。京都に生まれる。四条派の開祖・呉春の異母弟で、絵を呉春に学ぶ。京都・四条に暮らし、呉春の没後は、四条派の中心として活躍する。軽快な筆致による花鳥画に優れた。作品に『芙蓉小禽図』（東京、黒川古文化研究所）など。

森 狙仙／もり そせん
延享4〜文政4年（1747〜1821）
江戸中〜後期の画家。大坂で活躍。狩野派の山本如春斎（にょしゅんさい）に学び、また円山応挙の写生主義の影響も受けて新画風を確立、とくに猿の絵を得意とした。甥の森徹山が後継者となり、森派を形成。代表作に『猿鹿図』（東京国立博物館）など。

長澤蘆雪／ながさわ ろせつ
宝暦4〜寛政11年（1754〜99）
江戸中期の円山派の画家。淀藩士の息子として生まれ、幼時は淀で過ごしたといわれる。円山応挙に画を学んだが、その機知に富んだ個性的な表現は応挙門下で異彩を放つ。代表作は、円山応挙のかわりに描いた無量寺襖絵『虎図』（和歌山、串本応挙芦雪館）、広島県厳島神社の絵馬『山姥図』など。

The Japan Foundation Award

五〇年前のニューヨーク、とある小さな店で、私はすばらしい技巧で描かれた掛軸と出会いました。店の主人は、その作品がまだ鎖国をしていた日本の江戸時代のものだと説明してくれました。

それ以後、私はしばしばその店を訪ね、江戸時代のすばらしい絵画を数多く見つけました。しかし悲しいかな、その当時こうした絵画に興味をもっていたのは私ひとりだけだったようです。そのため、収集は孤独な作業でしたし、さらに不幸なことに、英語で書かれた情報もほとんどありませんでした。

一九六〇年代の初めに私は日本を訪れ、そこで私の妻になる女性に出会いました。彼女は私の収集の旅につきあってくれ、彼女の手助けのおかげで私のコレクションは充実し、わが家に研究者や学生を招くことができるようになりました。また私たちは知識を集めるだけではなく、江戸時代美術の美について、ほかの方たちにわかってもらおうとしてきました。

２００６年１０月３日、ホテルオークラ東京において、プライス夫妻にこの年の国際交流基金賞が贈呈されました。
長年の江戸時代日本絵画作品の収集、それらのコレクションをアメリカ国民に紹介し、研究を支援するために財団「心遠館」を設立。さらに、ロサンゼルス・カウンティ美術館の日本館建設に尽力するなど、アメリカでの日本美術研究と日米の文化交流に貢献した功績に対して賞が贈られたのです。ジョー・プライス氏が受賞に際してされた感謝のスピーチは、長年の彼の心情を表現して余りあるものでした。ここに日本語に翻訳して収載することにいたします。

太陽が雲の陰に隠れると、いかに絵の見え方が変わるかをお見せすることもできました。さらに、私たちは月明かりのもとで、あるいは蠟燭の明かりでは、絵がどのように見えるかも実際にお見せしてきました。

一九八〇年に、私たちはいままで学んだり、わかってもらおうとしてきたことをもっと広く知っていただくために、財団「心遠館」を設立しました。するとまもなく、日本のさまざまな大学から学者や学生が、江戸時代の絵画に描かれた自然や、自然光のもとで絵を見ることについての研究をしにやってきました。それまでは展示ケースのガラスの向こうで、人工の光に照らされたもとでしか見ることができなかった作品の数々が、いまや画家が意図したであろう自然の光のもとで鑑賞できるようになったのです。

かつて若冲は「二〇〇年後には、私の作品を世間は認めてくれるだろう」という言葉を残したと、ある僧が語ってくれたことがあります。今回の東京国立博物館での展覧会に、30万人を超える観覧者が若冲の作品に賛辞を贈ってくれたと知れば、さぞや泉下で溜飲を下げていることでしょう。円山応挙、長澤蘆雪、森狙仙、酒井抱一や鈴木其一もまた然《しか》りです。

〝あなた方の作品は、決して忘れられることはなかったのです。きょう、私が賞をいただきましたが、この賞はあなた方にこそ贈られるものです〟

ジョー・D・プライス

若冲になったアメリカ人
ジョー・D・プライス物語

2007年　6月18日　初版第一刷発行
2013年　8月28日　初版第二刷発行

著　者　ジョー・D・プライス
　　　　山下裕二
発行者　蔵　敏則
発行所　株式会社 小学館
　　　　〒101-8001
　　　　東京都千代田区一ツ橋2-3-1
電　話　編集　03-3230-5653
　　　　販売　03-5281-3555
印刷所　日本写真印刷株式会社
製　本　株式会社若林製本工場

Printed in Japan　ISBN978-4-09-387713-8